MOF, a Pocket Guide

IT Service Operations Management

MOF, a Pocket Guide

IT Service Operations Management

Dave Pultorak
Pete Quagliariello
Rolf Akker

Colophon

Title:	MOF, a Pocket Guide
Authors:	Dave Pultorak & Pete Quagliariello (Pultorak & Associates, USA) and Rolf Akker (Inform-IT, NL)
Chief editor:	Jan van Bon (Inform-IT, NL)
Review team:	
Madeleine Barnard	(Foster Melliar, SA)
Hans van den Bent	(PinkRoccade Educational Services, EMEA)
Jeroen Bom	(Quint Wellington Redwood, NL)
Laurie Dunham	(Microsoft, USA)
Holly Dyas	(Microsoft, USA)
Neil Fairhead	(Microsoft, USA)
Ashley Hanna	(HP, UK)
Lex Hendriks	(EXIN, NL)
Graham Kennedy	(ProActive Services, AUS)
Glenn LeClair	(Fujitsu Consulting, CA)
Rudolf Liefers	(Cap Gemini Ernst & Young, NL)
Simon Lingbeek	(Unisys, NL)
Vernon Lloyd	(Fox-IT, UK)
Mike Lubrecht	(Microsoft, USA)
Ivor Macfarlane	(IT Service Improvement Ltd, UK)
Leslie Manness	(HP, CA)
Robert Schulze	(exagon consulting & solutions gmbh, DE)
George Spalding	(Pink Elephant, USA)
Andrew Speake	(G2G3, UK)
Jeff Yuhas	(Microsoft, USA)
Publisher:	Van Haren Publishing (info@vanharen.net)
ISBN:	978 9077212 103
Editions:	Second edition, fifth impression, May 2007
Design & Layout:	DTPresto Design & Layout, Zeewolde-NL

About This Guide

This pocket guide is intended as a practical reference for IT professionals studying or implementing the Microsoft® Operations Framework (MOF). This guide is derived from and complements version 3.0 of the core MOF publications. For further information about MOF, see the Web site listed in Section 12.

This guide introduces the core components of MOF:

- MOF Process Model.
- MOF Team Model.
- MOF Risk Management Discipline.

Maximum benefit will be derived from this guide, if before studying or implementing MOF an understanding of ITIL is obtained. This should be to at least a Foundation level. Please see Section 12 for more information about ITIL.

What's New in Version 3.0 of Core MOF Documents?

Since the creation of MOF version 1.0 in the summer of 1999, only minor adjustments have been made to the core models in order to maintain synchronization with the service management function and product operations guides that were being developed. The MOF 3.0 update is the first coordinated update to the full suite of MOF core models. The key goals of this revision were to:

- Incorporate feedback from Microsoft's customers, partners, advisory councils, and internal Microsoft MOF users.
- Align with ITIL version 2.0, which was released after the original version of MOF.
- Align with the latest release (2002) of Microsoft Solutions Framework version 3.0 and incorporate a broader, end-to-end IT life cycle perspective than the original version.
- Provide more customer-focused details on the business value of effective operations, with real-life examples and metrics.

- Improve integration between the Team and Process models.
- Make the MOF guidance more practical and easier to implement, and include more specific guidance on how and where to begin.

In MOF v3.0 the following changes were made to the **Process Model**:

- Included a new *Security Management SMF* in the Optimizing Quadrant to complement the existing Security Administration SMF in the Operating Quadrant and to align with both the security management book released as part of ITIL 2.0 and the Microsoft Solutions for Security guidance. The existing Security Administration SMF addresses the routine daily tasks of the Operating Quadrant in administering and maintaining security across the services and systems, but no higher-level guidance was available that told which security policies and guidelines should exist in the first place. Additionally, since the initial release of MOF, ITIL has published a new book on security management, and Microsoft's own security group has conducted extensive work in creating process, policy, and technology guidance through the 'Security Push' initiative of the past several years. Both of these resources are being used and referenced in the content guidance for the Security Management SMF.
- Included a new *Infrastructure Engineering SMF* in the Optimizing Quadrant, based on customer and partner feedback about the need for this set of activities in the existing MOF content, as well as to complement the ITIL publication, ICT Infrastructure Management.
- Revised the *Changing Quadrant* content with recent updates developed as part of the MOF Changing Quadrant course to ensure consistent guidance.
- Renamed the *Release Approved Review* to *Change Initiation Review* to better reflect the underlying intent of the review. (The content has not changed, just the name.)

- Removed *Print and Output Management* as a high-level SMF and incorporated its content into the Storage Management SMF to better reflect the overall approach to storage, file, print, backup, and recovery on the Microsoft platform.

In MOF v3.0 the following changes were made to the **Team Model**:

- Added a new MOF role cluster, *Service*, to the Team Model. This new role cluster facilitates the management of the IT services portfolio provided to customers receiving IT services.
- Provided an additional *matrix* that maps people with process, showing where each MOF service management function (SMF) falls within the direct control of a particular MOF Team Model role cluster.

In MOF v3.0 the following changes were made to the **Risk Model**:

- Repositioned the Risk Model as a *Risk Management Discipline*, making it a more generic element in MOF.
- Extended the MOF Risk Discipline with more explicit guidance and aligned it with the *Microsoft Solutions Framework (MSF) version 3.0 Risk Management Discipline* to provide one common risk management process across the IT life cycle. As a consequence, an explicit step (*Learn*) was added to the Risk Management Discipline.

Foreword

Information technology is critical to many aspects of modern life. IT must be reliable and trustworthy. Great strides have been made in technology, but what has not changed is the need for quality processes, applied by disciplined people who are supported by effective tools. These are essential to delivering IT-based services with the reliability, availability and security that we all need.

Microsoft® believes it is essential to build on the experience and best practices accumulated over many years by the dedicated professionals in IT service management. Microsoft also believes that the leading publicly available body of knowledge of best practices is the IT Infrastructure Library (ITIL). Therefore, Microsoft has chosen ITIL as the foundation for Microsoft Operations Framework (MOF). We have taken the technology-independent ITIL and applied it to the Microsoft platform for IT service delivery in a heterogeneous environment.

"If I see further, it is because I stand on the shoulders of giants," wrote Sir Isaac Newton. I am glad to take this opportunity to thank the giants of ITIL, and say that we look forward to continuing to contribute to the growth and evolution of IT service management around the world.

Bret Clark
Product Unit Manager,
Microsoft Corporation

Contents

1. MOF Overview

A Demanding Environment

Today's business environment places increasing demands (rapid change, financial constraints, security and reliability concerns, global interconnectedness) on IT organizations in order to meet the expanding needs of a wide variety of stakeholders.

While rock-solid technology is necessary to meet demands for reliable, available, and secure IT services, technology alone is not sufficient; excellence in processes and people (skills, roles, and responsibilities) is also needed.

Microsoft's Approach

Microsoft® understands the challenges facing today's enterprise computing environments and has responded with best-in-class technology and proven best practice guidance on how to effectively design, develop, deploy, operate, and support solutions built on Microsoft technologies.

The guidance is organized into two complementary and well-integrated bodies of knowledge, or 'frameworks.' These are Microsoft Operations Framework (MOF) and Microsoft Solutions Framework (MSF).

MOF provides guidelines on how to plan, deploy, and maintain IT operational processes in support of mission-critical service solutions. MOF is a structured, yet flexible, approach based on:

- Microsoft consulting and support teams and their experiences working with enterprise customers and partners, as well as Microsoft's internal IT operations groups.
- The IT Infrastructure Library (ITIL), which describes the processes and best practices necessary for the delivery of mission-critical service solutions.

- ISO 15504 (also referred to as SPICE), from the International Organization for Standardization (ISO), which provides a normalized approach to assessing software process maturity.

MSF is an adaptable software development and deployment approach for successfully delivering technology solutions faster, with fewer people and less risk, while producing higher quality results. MSF has been widely used by Microsoft customers, partners, consulting services, and product teams and observed its tenth anniversary in 2003.

MSF describes how to:

- Align business and technology goals.
- Establish clear project goals, roles, and responsibilities.
- Implement an iterative, milestone-driven process.
- Manage risk proactively.
- Respond to change effectively.

MSF is a disciplined approach to managing technology projects based on Microsoft internal practices, the experiences of Microsoft Services working with customers and partners, and industry best practices in software development and project management.

The IT Life Cycle

In delivering an effective portfolio of IT services to the business, IT operations and project teams should focus on three key objectives:

- Understand the business and operational needs for the service and create a solution that delivers these within the specified constraints.
- Effectively and efficiently deploy the solution to users with as little disruption to the business as the service levels specify.
- Operate the solution with excellence in order to deliver a service that the business trusts.

MSF and MOF combine to provide a complementary, integrated set of guidance that addresses the need for a consistent and unified approach to the overall IT life cycle. The two frameworks work together to minimize the *time to value* - that is, the time between recognition of the need and delivery of the service. Consistency of terminology and concepts between the two frameworks also supports the delivery of a high-quality service by facilitating effective communications throughout the life cycle.

Within the overall IT life cycle, MSF and MOF follow four basic steps to create a new solution (or change to an existing one) and to operate that solution in a production environment; these are:

- *Plan the solution using MSF and MOF* - Seek first to understand the business and operational requirements in order to create the right solution architecture, design, project plans, and schedules.
- *Build the solution using MSF* - Create and complete the features, components, and other elements described in the specifications and plans using the appropriate development tools and processes.
- *Deploy the solution using MOF and MSF* - Implement the solution into the production environment using strong release management processes and automation.
- *Operate the solution using MOF* - Follow the MOF models and processes for solution and systems management to achieve and maintain operational excellence.

This approach recognizes that a change to a currently deployed solution can originate from an operations requirement, a new business requirement, or external factors such as regulatory requirements. These changes also need to follow the four basic steps of the life cycle and, depending on their complexity, can trigger either a new (MSF) project, or a smaller-scale request for change.

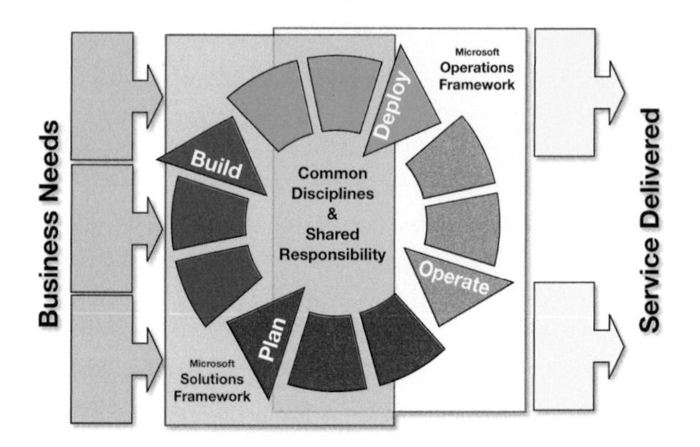

How MSF and MOF work together to meet business needs

Microsoft's view of the IT life cycle unites the varied activities that take place in an IT organization to ensure smooth, coordinated, and cost-effective delivery of IT services to the business. MOF and MSF target different, but integral, phases in the end-to-end IT life cycle. Each framework provides useful and detailed information on the people, processes, and tools required to successfully function within its respective area. Both MSF and MOF provide technology-agnostic guidance for improving IT processes that can be used in any environment.

MOF and ITIL

Microsoft believes that the leading publicly available body of knowledge of best practices is the IT Infrastructure Library (ITIL). Therefore, Microsoft has chosen ITIL as the foundation for Microsoft Operations Framework (MOF). One of the lesser developed areas in the two core ITIL publications (Service Support & Service Delivery), however, is the approach towards the Operations Management of IT environments. MOF enhances ITIL's collaborative industry standards with guidance in the operation of IT products and technologies, in particular Microsoft's. In addition, MOF introduces some concepts that are relevant to today's business environment which is both increasingly interconnected and increasingly fluid. These concepts include an iterative life cycle with a focus on constant improvement and structured management reviews to provide focused management attention at key points in that life cycle. Microsoft is now contributing to ITIL and has helped to write two of the new books (Planning to Implement Service Management and Applications Management). Together with the focus on operations management, this makes MOF a valuable and enhanced approach towards IT service management, of which the generic part can be used for other platforms as well.

Design Considerations

Microsoft designed MOF with the following considerations:

- *Leverage industry best practices* - In adopting ITIL, Microsoft leveraged the most widely acknowledged industry best practices as MOF's foundation.
- *Incorporate proven concepts and practices* - In addition to ITIL best practices, Microsoft incorporated proven IT operations concepts and practices from its own IT operations groups, its professional services groups, its partner community, and its customer community.
- *Provide guidance on people and process* - Microsoft designed MOF to complement its technology products with specific guidance on the people and process that surround the technology.
- *Take the perspective of end-to-end services* - Rather than taking the perspective of managing individual technology components (e.g., workstations, servers), Microsoft took the perspective of managing end-to-end IT services (e.g., messaging, print services) as its primary point of view.
- *Integrate with the entire IT life cycle* - Microsoft designed MOF to integrate well with planning and deployment activities within the overall IT life cycle.

Why Microsoft Created MOF

Use of Microsoft's enterprise server platforms (including Windows®, Exchange Server, and SQL Server™) in mission-critical production computer systems continues to increase. This situation has created both a need and a demand for established guidance in operating those platforms cost-effectively to achieve high reliability, availability, and security. Microsoft created MOF to provide this guidance.

MOF Models and Discipline

MOF is composed of two core models, each of which is intended to represent a major component of IT operations, supported by a more generic discipline. The MOF models and discipline are:

- *The Process Model* - A functional model of the processes performed by services organizations to manage and maintain IT services.
- *The Team Model* - A simplified view of team roles that helps management to focus on organizing people effectively.
- *The Risk Management Discipline* - The incorporation of key principles, a standard terminology, and a structured and repeatable six-step process for managing risks that service organizations staff face on a daily basis.

Details about each of these core topic areas are provided in subsequent sections of this guide.

Service Solutions and IT Service Management

Two important concepts are key to understanding how MOF supports IT operations. These two concepts are *service solutions* and *IT service management*.

Service solutions are the capabilities, or business functions, that IT provides to its customers and users. A distinction is made between full services and service components. Some examples of service solutions are:

- Line-of-business (LOB) applications
- Messaging
- Knowledge management
- E-commerce
- Web services
- File and print services
- Information publishing
- Data storage
- Network connectivity

MOF embraces the concept of IT operations providing business-focused service solutions through the use of well-defined service management functions (SMFs). SMFs are processes and policies applied across service solutions in the management of IT services. Example SMFs include Change Management, System Administration, and Service Desk. These SMFs provide consistent policies, procedures, standards, and best practices that can be applied across the entire suite of service solutions found in today's IT environments.

Details on the concept of IT service management are provided in Section 2 of this guide, "What Is IT Service Management?"

2. What is IT Service Management?

Overview

The best approach to defining the term 'IT service management' (ITSM) is to begin by defining the component parts of the term:

- In the traditional ITIL definition Information Technology *(IT)* stands for the IT infrastructure: hardware, software, network components, documentation, procedures, and process roles.
- A *service* is a set of components, physical and logical, IT and non-IT, required to deliver support to a business operation. The customer will judge the effectiveness of this set and view it as a single entity by the support it delivers to their business operation as a whole, not by the performance of any component elements of the set.
- In this context, the term *IT service* refers to a set of related IT and probably non-IT functionality, which is provided to end users as a service. Examples of IT services include messaging, business applications, file and print services, network services, and help desk services.
- In this context, the term *management* refers to the concepts and practices employed on a strategic, tactical, and operational level in the support and delivery of these services. Management is concerned with using resources, including equipment, staff, processes and ideas, to achieve an end - in this case delivery of a service.

Central to *IT service management* is the idea that IT organizations, both internal and external, are *IT service providers* whose job is the provision of high quality, cost-effective IT services. The quality and cost-effectiveness of IT services are judged by the respective customers (those who pay for IT services) and users (those who consume IT services).

The true mission of IT service management is to align IT services with the current and future requirements of customers and users. Alignment is achieved when IT provides these groups with the services required, at the level of quality agreed to, and at an acceptable cost. Ultimately IT service management can become a business enabler.

Why IT Service Management?

The increasing business dependence on IT services has highlighted the need for effective management of these services. IT cannot be seen as a collection of devices and applications provided to users, it must be seen as a series of integrated services. There is a strong growth in the awareness that many primary business processes can no longer function without the contributions made by IT services. In many industries, IT is already part of or has already become a primary business process. The developments in e-commerce also show that IT has become a crucial factor for daily operation of businesses. Therefore the business needs to gain control of IT and IT services in order to enable the alignment of business processes and IT services.

The Origins of IT Service Management

Best practice for IT service management has its roots in a UK-developed collection of best practices called ITIL (IT Infrastructure Library). ITIL was originally developed in the late 1980s by the UK Government, with input from a significant number of industry experts. The philosophy behind ITIL was to create an open standard for the management of IT services, which could be adopted and adapted by IT service providers. Today ITIL is managed by the UK Government's Office of Government Commerce, an office of Her Majesty's Treasury.

The current edition of ITIL contains 7 books: Service Support, Service Delivery, Application Management, ICT Infrastructure Management, Planning to Implement Service Management, Security Management, and The Business Perspective. ITIL Service Support and ITIL Service Delivery are the two core publications that describe the Service Desk and the following key IT service management processes:

ITIL Service Support	ITIL Service Delivery
• Incident Management	• Service Level Management
• Problem Management	• Availability Management
• Configuration Management	• Capacity Management
• Change Management	• Financial Management for IT Services
• Release Management	• IT Service Continuity Management

ITIL guidance is vendor and platform neutral and is supported by a worldwide industry of training, globally recognized levels of certification, and consulting services, as well as by software products that facilitate the process.

Since its creation, ITIL has become the world's *de facto* standard for IT service management.

3. Implementing Service Management

Implementing IT service management is not a task to take on lightly. It requires special skills that have not traditionally been available in IT staff. Where IT staff formerly were predominantly occupied with technical issues, the focus now is on delivering services. The striking differences between products and services can be summarized as:

1. Services are inherently intangible.
2. A substantial part of the service actually consists of acts and interactions; they are typically cooperative events for customers and technical staff.
3. The production and consumption of a service cannot always be kept apart, since they generally occur simultaneously.
4. The customer is often more than just a customer - they are also participating in the production of the service.
5. Modern services are delivered by a chain of partners, consisting of the customer, the internal IT provider and third-party suppliers.

This generally means that there is just one single moment in which the service is delivered and the quality perception is established. This moment is often referred to as the 'Moment of Truth' (Normann, 2000). To make it even more complicated: it will take several pluses to make up for one single minus, and the moment of truth is subject to the mood and attitude of all parties involved. To clarify the expectations between customers and service providers, best practice shows that an agreement is required. Such an agreement should be built on metrics that help determine the achieved services.

It is important to realize that implementing successful IT service management will involve a change in organizational culture. The behavior of IT staff has to shift from a focus on delivering output (e.g. desktop, software, network) to a focus on the outcome (what is the effect of IT for the customer). Behavioral issues like relationship management, risk management, and business drive become major aspects and these cannot be simply switched on. The successful implementation of IT service management requires measurable evidence of benefit to build a business case, and to prove the success of the implementation. Another key requirement is 'buy-in' from customers, a belief that IT service will be improved as a result of IT service management. This will require a significant effort in education and communications with the customer. The longer-term challenge is to 'stay the course,' not deviate from the established processes and fall back into old habits to deal with issues with the services delivered. It is widely accepted that a focus on processes supports the focus on customers in the provider domain and stimulates the quality of the service.

4. MOF Process Model

Simplifying the Approach to IT Management

The world of IT operations is complex; it contains a multitude of operational environments and process dynamics that are difficult to capture and define with consistent accuracy. With so many processes, procedures, and communications happening simultaneously across a diverse set of systems, applications, and platforms, it is virtually impossible to model any particular environment exactly.

To address this complexity, MOF simplifies process definition into a high-level framework that is easy to understand and whose principles and practices are easy to incorporate and apply selectively or comprehensively. The power of this simplified approach will enable the operations staff of a business of any size, regardless of maturity level, to realize tangible benefits to the existing, or proposed, operations environment. The intent of the MOF Process Model is to provide a simple representation of the complex components and their relationships within the model.

Process Model Principles

The MOF Process Model assists the delivery and support of IT services by addressing the following four principles:

- *Structured architecture* - The Process Model is built upon an architecture that provides a higher-level order for all the operational activities that must be addressed in mission-critical computing. This architecture provides the structure for process integration, life cycle management, mapping of roles and responsibilities, and overall management command and control. It also provides the underlying foundation for process automation and technology-specific operations.
- *Rapid life cycle, iterative improvement* - The rate of change for IT operations continues to accelerate. This demand for change is in direct response to the needs of business to adapt and innovate

to stay competitive. As a result, MOF promotes the concept of a rapid life cycle that supports both the ability to incorporate change quickly and to continuously assess and iteratively improve the overall operations environment. Recognizing that operations does not follow a sequential set of phases as in the typical IT development project, the MOF Process Model categorizes key operational activities into quadrants that make up a spiral life cycle, with the activities occurring in parallel, 24 hours a day, seven days a week.

- *Review-driven management* - Within an IT operations organization, several methods and techniques are used to assist management in the control and oversight of the environment. MOF recommends and describes many of these methods in the details of its service management functions (SMFs). However, these methods and techniques alone are insufficient in obtaining the most from the IT investment. MOF inserts higher-level operations management reviews (OMRs) at key points within the life cycle. These reviews can be used to evaluate performance for release-based activities as well as steady state, or daily, operational activities. The operations management reviews add significant value to MOF. Where ITIL points out that reviews of operations activity for efficiency and effectiveness should be conducted and describes these reviews at a high level, MOF makes these reviews an explicit part of the Process Model and provides detailed guidance on how to conduct them.
- E*mbedded risk management* - Where ITIL includes a discussion of handling risks in each IT operations process description (especially in availability, IT service continuity, and problem management), MOF elevates the management of risk to its own discipline and discusses risk in the context of each SMF and Team Model role cluster.

Key Components of the MOF Process Model

The MOF principles just discussed are instituted through the key components of the Process Model architecture, which are:

- *Quadrants* - Normal operations activities are defined and grouped into quadrants, each of which is focused on a particular set of processes and tasks.
- *Operations management reviews (OMRs)* - Significant milestones in the operations life cycle are represented by operations management reviews, which are major decision and review points in the Process Model.
- *Service management functions (SMFs)* - Specific processes that are performed within each of the quadrants. These are typically quite specific and prescriptive toward a single activity.

Overview of the MOF Quadrants

MOF organizes these core ITIL processes, plus additional MOF processes, into four quadrants of the Process Model:

The MOF Process Model, showing quadrants and operations management reviews

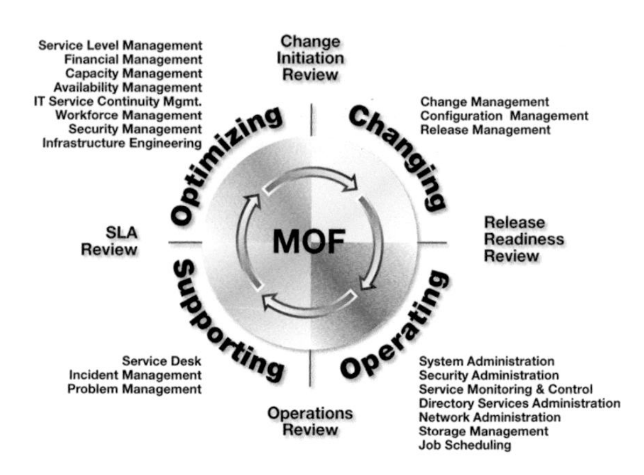
Service Level Management
Financial Management
Capacity Management
Availability Management
IT Service Continuity Mgmt.
Workforce Management
Security Management
Infrastructure Engineering
Change
Initiation
Review
Change Management
Configuration Management
Release Management
Optimizing
Changing
MOF
SLA
Review
Release
Readiness
Review
Supporting
Operating
Service Desk
Incident Management
Problem Management
Operations
Review
System Administration
Security Administration
Service Monitoring & Control
Directory Services Administration
Network Administration
Storage Management
Job Scheduling

MOF quadrants and Service Management Functions

The SMFs in each quadrant are listed in the illustration at the left. It is important to note that, although the model implies a sequential nature from quadrant to quadrant, in most cases activities from all quadrants will be occurring simultaneously.

Operations Management Reviews

Although there are many reviews and process checks that take place in any IT environment, the MOF OMRs are specifically labeled on the Process Model diagram because they warrant senior management attention and can be used as a regularly reported 'health check' on the state of the operations organization.
The OMRs are:

- Release Readiness Review
- Operations Review
- Service Level Agreement (SLA) Review
- Change Initiation Review

The Process Model incorporates two types of management reviews: *release-based* and *time-based*. Two of the four reviews - Release Readiness and Change Initiation - are release-based and occur at the initiation and final installation of a release into the target environment, respectively. The remaining two reviews - Operations and Service Level Agreement - occur at regular intervals to assess the internal operations as well as performance against customer service levels.

The reason for this mix of review types within the Process Model is to support two concepts necessary in a successful IT operations environment:

- The need to schedule and order the introduction of change through the use of managed releases. Managed releases allow for a clear packaging and scope of change that can then be identified, approved, tracked, tested, implemented, and operated. The release-based reviews accomplish this.

- The need to regularly assess and adapt the operational procedures, processes, tools, and people required to deliver and optimize the specific service solutions. The time-based reviews accomplish this.

The following table summarizes the mission of service and the operations management reviews for each of the four quadrants.

Quadrant	Mission of Service	Operations Management Review	Evaluation Criteria
Changing	Introduce new service solutions, technologies, systems, applications, hardware, and processes.	Release Readiness Performed prior to new release.	• The release (the changes) • The release package (all of the tools, processes, and documentation) • The target (production) environment and infrastructure • Rollout and rollback plans • The risk management plan • Training plans • Support plans • Contingency plans
Operating	Execute day-to-day tasks effectively and efficiently.	Operations Performed periodically.	• IT staff performance • Operational efficiency • Personnel skills and competencies • Operations level agreements
Supporting	Resolve incidents, problems, and inquiries quickly.	Service Level Agreement Performed periodically.	• SLA-defined targets and metrics • Customer satisfaction • Costs
Optimizing	Drive changes to optimize cost, performance, capacity, and availability in the delivery of IT services.	Change Initiation Performed at change identification.	• Cost/benefit evaluation of proposed changes • Impact to other systems and existing infrastructure

Mission of Service and Operations Management Review for Each Quadrant

Release: the MOF Definition

An additional definition that will assist in understanding this document is the MOF definition of the term 'release,' which has a specific meaning within the MOF context. A release is considered to be any change, or group of changes, that must be incorporated into a managed IT environment. These changes are not handled separately, but rather as a packaged release that can be tracked, installed, tested, verified, and/or uninstalled as a single, logical release. Under this definition, a release is any of the following:

- A new or updated line-of-business (LOB) system.
- A new or updated website including content propagation.
- New hardware (server, network, client, and so on).
- New or updated operations processes or procedures.
- Changes in communication processes and/or team structures.
- New infrastructure software.
- Physical change in the building or environment.

This broad definition of release supports the fundamental principle of managing changes in people, process, and technology in the provision of service solutions. (Note that this definition of a release is broader than the ITIL definition of a release.)

Following Sections

The following sections describe the MOF Process Model in more detail. The format for these sections is based on describing for each quadrant:

- The quadrant's definition, goals, and objectives
- Operations management review
- Service management functions

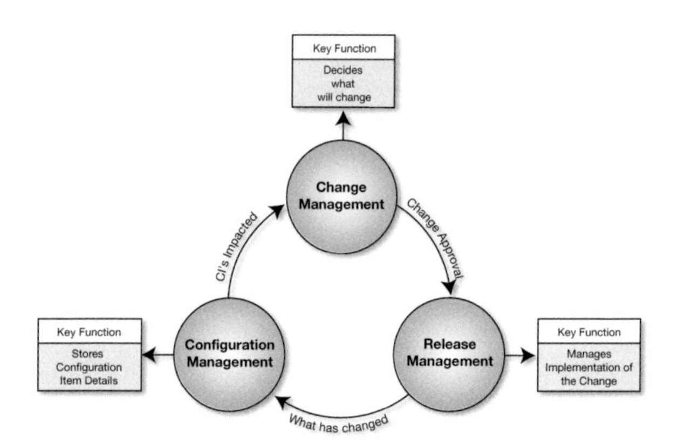

Relationships between Change Management, Configuration Management, and Release Management SMFs

5. MOF Changing Quadrant

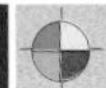

Definition, Goals, and Objectives

The Changing Quadrant includes the processes and procedures required to identify, review, approve, and incorporate change into a managed IT environment. Change includes hard and soft assets as well as specific process and procedural changes.

The goal of the change process is to introduce new technologies, systems, applications, hardware, tools, and processes, as well as changes in roles and responsibilities, into the IT environment quickly and with minimal disruption to service.

The objectives of the Changing Quadrant are:

- Effectively respond to genuine business needs and demands.
- Maintain managed environments in a known state.
- Manage changes as a quantifiable and qualitative package.
- Smoothly deploy reliable new services.

A fundamental principle of the Changing Quadrant is recognizing that the ability to quickly change and adapt the operations environment is a key, sustainable business advantage.

The following three service management functions support the Changing Quadrant:

- Change Management
- Configuration Management
- Release Management

Release Readiness Review

The Release Readiness Review is the operations management review within the Changing Quadrant. It is the final management checkpoint and approval step before deploying a release. Through the Release Readiness Review, key attributes of a given release are assessed against standards, policies, and quality metrics, as well as release criteria that evaluate the readiness of the release, production environment, supporting release package, rollout and rollback plans, training plans, support plans, and the risk management plan. The Release Readiness Review results in a go/no-go decision about whether to deploy the release.

Following deployment of the release, the changes now move to the change review process to evaluate and measure the success of the release in the production environment and to document lessons learned for future releases. This final review is called the post-implementation review (PIR).

Change Management

Overview

The Change Management SMF is responsible for the process of documenting, assessing the impact of, approving, scheduling, and reviewing changes in an IT environment. A key goal of the change management process is to ensure that all parties affected by a given change are aware of and understand the impact of the impending change. Since most systems are heavily interrelated, any changes made in one part of a system may have profound impacts on another. Change management attempts to identify all affected systems and processes before the change is deployed in order to mitigate or eliminate any adverse effects. Typically, the 'target' or managed environment is the production environment, but it should also include key integration, testing, and staging environments.

The categories of assets that should be placed under change control are broad and include, but are not limited to, hardware, communications equipment and software, system software, applications software, processes, procedures, roles, responsibilities, and any documentation relevant to the running, support, and maintenance of systems in the managed environment. In other words, any asset that exists in the environment and is necessary for meeting the service level requirements of the solution should be placed under change control. Changes are also rated in their impact and urgency, and ITIL provides an excellent process flow for processing changes of different levels of importance.

The scope of change management is normally limited to the configuration items (CIs) in the configuration management database (CMDB).

Key Elements

- *Requests for change (RFC)* - This is the formal change request, including a description of the change, components affected, business need, cost estimates, risk assessment, resource requirements, and approval status.
- *Change advisory board (CAB)* - The CAB is a cross-functional group set up to evaluate change requests for business need, priority, cost/benefit, and potential impacts to other systems or processes. Typically the CAB will make recommendations for implementation, further analysis, deferment, or cancellation.
- *Change controls* - Change management has a focus on managing involved risks. Therefore changes should be managed in terms of appropriate complexity, cost, and impact, and each step in the process needs explicit approval.

Configuration Management

Overview

The Configuration Management SMF is responsible for identifying and documenting the components of the environment and the relationships between them. The goal of configuration management is to ensure that the current state is known and that only authorized components, referred to as configuration items (CIs), are used in the IT environment, and that all changes to CIs are recorded and tracked through the component life cycle. The information captured and tracked will depend upon the specific CI, but will often include a description of the CI, the version, constituent components, relationships to other CIs, location/assignment, and current status.

The information contained about the CIs should be held in a single logical data repository, referred to as the configuration management database (CMDB). Whenever possible, this database should be self-maintaining, with automated updates to CI records. CI records are the representation of the CIs in the CMDB, including attributes and relationships. At the enterprise IT level, this repository will often be a relational database with associated support tools, but for smaller organizations a spreadsheet may suffice.

In addition, configuration management is responsible for maintaining the definitive software library (DSL), which serves as the repository for all master copies of software deployed in the IT environment.

Configuration management is often confused with asset management. Asset management is an accountancy process that is a subset of the overall configuration management process and includes depreciation and IT accounting. Asset management systems typically maintain information on assets above a certain value, their business unit, purchase date, supplier, and location. The relationship to other assets is not usually recorded and the information is primarily used to track the whereabouts of expensive equipment.

Key Elements

- *Configuration management planning* - Planning and defining the scope, objectives, policies, procedures, organizational, and technical context for configuration management.
- *Configuration identification* - Selecting and identifying the configuration structures for all the infrastructure's CIs, their 'owner,' their interrelationships, and configuration documentation. It includes unique identifiers for CIs and their versions.
- *Configuration control* - Ensuring that only authorized and identifiable CIs are accepted and recorded from receipt to disposal. It ensures that no CI is added, modified, replaced, or removed without appropriate controlling documentation, such as an approved change request, or updated specification.
- *Configuration status accounting* - Reporting current and historical data concerned with each CI throughout its life cycle. This enables change to be made to CIs and makes their records traceable. For example by enabling the tracking of the status of a CI through such states as development, test, live, and withdrawn.
- *Configuration verification and audit* - A series of reviews and audits that verify the physical existence of CIs and check that they are correctly recorded in the configuration management system.

Release Management

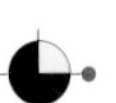

Overview

The focus of the Release Management SMF is to facilitate the introduction of releases into managed IT environments and to ensure that all changes are deployed successfully. Typically, this includes the production environment as well as the managed preproduction environments. Release management coordinates and manages all releases and is typically the coordination point between the development release team and the operations groups responsible for deploying the release into production. In combining MSF and MOF in an end-to-end IT life cycle, this is the key point at which MSF-developed projects and solutions integrate fully with the MOF deployment process into a release product.

The oversight role of release management is critical in the successful deployment of complex releases that often involve multiple service providers, operations centers, and user groups. Good resource planning and management are essential to successfully packaging and distributing such releases to customers. Release management takes a holistic view of a change to an IT service and ensures that all aspects of a release are considered together, both technical and non-technical.

Releases should be defined, maintained, and scheduled for each IT service. Most organizations today implement changes on an as-needed basis - or worse, do not implement proactive changes such as service packs at all. The concept of releases and release management allows them to proactively schedule most changes so that high-importance and emergency changes that do not fit the change cycle are the exception, not the rule.

Key Elements

- *Release planning* - Upon receipt of an approved RFC, the definition of the tasks and activities required to successfully deploy the release into the live environment.
- *Release building* - Assembly and development of the processes, tools, and technology required to deploy the release into the live environment.
- *Acceptance testing* - Testing of the release in a model production environment to ensure the release will not adversely impact the live environment.
- *Release Readiness Review* - The final checkpoint and approval step before the release team begins detailed rollout planning and preparation.

- *Rollout planning* - The prioritization and detailed planning of release rollouts to the IT environment.
- *Rollout preparation* - Preparing the production environment for the new release. This may include communicating with users, training service desk and technical support staff, and making backups of critical components.
- *Rollout* - Moving the release into the production environment and updating the CMDB to reflect all new and changed CIs.
- *Post-implementation review* - After each deployment into the production environment, a post-implementation review is held to judge the success of the current process and suggest improvements.

6. MOF Operating Quadrant

Definition, Goals, and Objectives

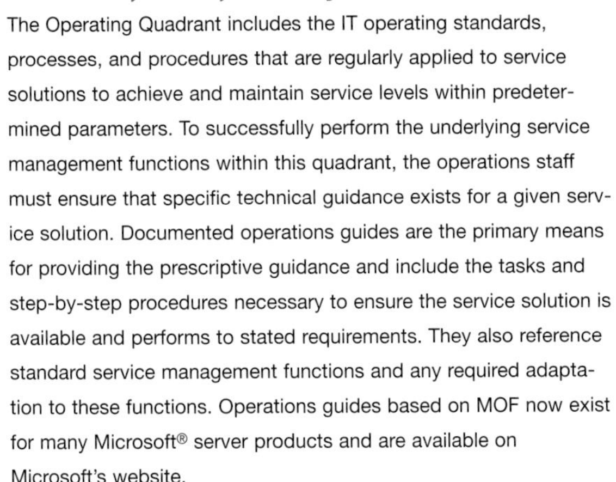

The Operating Quadrant includes the IT operating standards, processes, and procedures that are regularly applied to service solutions to achieve and maintain service levels within predetermined parameters. To successfully perform the underlying service management functions within this quadrant, the operations staff must ensure that specific technical guidance exists for a given service solution. Documented operations guides are the primary means for providing the prescriptive guidance and include the tasks and step-by-step procedures necessary to ensure the service solution is available and performs to stated requirements. They also reference standard service management functions and any required adaptation to these functions. Operations guides based on MOF now exist for many Microsoft® server products and are available on Microsoft's website.

The goal of the Operating Quadrant is the highly predictable execution of day-to-day tasks, both manual and automated.

The objectives of the Operating Quadrant include:

- Ensure that operations guides exist and are kept current for every service solution.
- Manage operating level agreements between the teams in support of the customer SLA.
- Provide automation to proactively monitor and self-heal system problems to the greatest extent possible.

The seven service management functions in the Operating Quadrant are:

- System Administration
- Security Administration
- Service Monitoring and Control

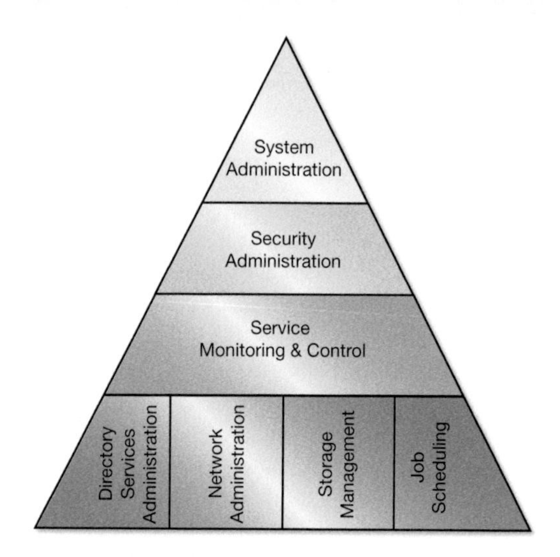

Operating Quadrant SMF hierarchy

- Directory Services Administration
- Network Administration
- Storage Management
- Job Scheduling

Operations Review

The Operations Review is the operations management review within the Operating Quadrant. The primary goal of the Operations Review is to assess the effectiveness of internal operating processes and procedures and make improvements as appropriate. This review focuses on internal processes and procedures contained in the operating level agreements (OLAs) designed to support and fulfill the customers' service level requirements, as well as how those activities can be improved. The information gathered in this review may be used in the customer-facing SLA Review. These improvements should go through the Change Management SMF processes described earlier.

A secondary goal of the Operations Review is to validate that the operations staff has documented their day-to-day activities and tasks in a corporate knowledge management system. This ensures that the key operational knowledge remains current and accessible to all members of the operations staff.

System Administration

Overview

System administration is somewhat of an umbrella process that is responsible for generally keeping IT systems running. The System Administration SMF administers centralized and distributed processing environments and often spans several tiers of operations and support. System administration is often referred to as operations management, both of which are very broad terms that need to be clarified within the specific IT organization or technology platform. However, system administration typically means overseeing a larger, enterprise-level organization and the administrative duties performed with that kind of organization.

System administration includes responsibility for:

- Application management
- Operating system administration
- Messaging administration
- Database administration
- Web server administration
- Telecommunications systems administration

Key Elements

- *System administration manager* - The system administration manager is responsible for how administrative services will be provided and executed within the scope of the computing environment.
- *System administrator* - Provides operational and administrative support for the organization within the scope of responsibility defined by the system administration manager.
- *System administration models* - Modeling system administration takes into consideration an organization's computing architecture - whether it is centralized, distributed, or a hybrid of the two. Possible models are:
  - <u>Centralized administration</u> - Centrally located infrastructure, centrally located administrative support.
  - <u>Centralized/remote administration</u> - Most hardware is centrally located, centrally located administrative support.
  - <u>Centralized delegated administration</u> - Some infrastructure is centrally located, administrative support is located centrally and remotely located, and administrative responsibility is delegated remotely.
  - <u>Distributed administration</u> - Some infrastructure is centrally located, administrative support is located centrally and

remotely, and administrative responsibility is fully delegated remotely.

Security Administration

Overview

At the highest level, the Security Administration SMF is responsible for maintaining a safe computing environment. Security is a critical part of the IT infrastructure; an information system with a weak security foundation will eventually experience a security breach.

The primary goals of security administration are to ensure:

- *Data confidentiality* - Only authorized individuals should be able to access data.
- *Data integrity* - All authorized users should feel confident that the data presented to them is accurate and not improperly modified.
- *Data availability* - Authorized users should be able to access the data they need, when they need it.

The Security Administration SMF deals specifically with the day-to-day activities and tasks related to maintaining and adjusting the IT security infrastructure. In general, this includes daily risk management and mitigation, security administration based on the platform and technology being used, patch management administration, security incident management, and auditing and intrusion detection. Defined in terms of security policy and planning, the IT security infrastructure is further discussed in the Security Management SMF in the Optimizing Quadrant later in this guide.

Key Elements

- *Personnel security* - This area examines whether employees are properly cleared to handle the data to which they have access.
- *Administrative security* - This area involves handling user access to the system. It also defines how administrators are disciplined

when they have misused or abused the system and emphasizes that users are properly trained in the importance of security, and how they can help maintain a secure system.

- *Network security* - This area deals with the state of the security features of the network as they relate to the six security tenets (requirements) and to auditing.
- *Physical security* - This area deals with physical locks and alarms that keep the environment safe.
- *Security manager* - The security manager is the process owner for the security administration process.

Service Monitoring and Control

Overview

Service monitoring allows the operations staff to observe the health of an IT service in real time. Within a distributed process environment, the accurate monitoring of a system is complicated by the integration of systems with partners and suppliers in automating a given company's value and supply chain. To ensure the IT service remains available, the Service Monitoring and Control SMF is typically responsible for monitoring the following system components:

- Process heartbeat
- Job status
- Queue status
- Server resource loads
- Response times
- Transaction status and availability

However, knowing the current health of a service or determining where a service outage might occur is of little benefit unless the operations staff has the ability to resolve it, or at the very least notify the appropriate group that a specific type of reactive or proactive action needs to occur. This is what is meant by the term 'control.' When combined and implemented properly, the Service Monitoring and Control SMF provides the critical capability to ensure that service levels are always in compliance.

Key Elements

- *Events* - An event is an occurrence within the IT environment that is detected by a monitoring tool or an application, that meets, exceeds or falls below predefined threshold values, and that either requires some sort of response or is recorded for future consideration.
- *Event correlation* - Event correlation can be defined as a procedure for evaluating the relationship between sets of data or objects to determine the degree to which changes in one are accompanied by changes in the other.
- *Threshold* - A threshold is a configurable value above which something is true and below which it is not. When thresholds are exceeded, predefined actions may be triggered including the generation of an alert.
- *Monitoring manager* - The monitoring manager is the process owner with end-to-end responsibility for the service monitoring and control process. The manager (or his or her team) performs the day-to-day monitoring and control of production systems and utilizes, wherever possible, automatic incident detection tools. When an incident occurs it is his or her job to react and attempt to solve it, or ensure that the incident is transferred to someone who can fix it.

Directory Services Administration

Overview

Directory services allow users and applications to find network resources such as users, servers, applications, tools, services, and other information. The Directory Services Administration SMF deals with the day-to-day operations, maintenance, and support of the enterprise directory. The goal of directory services administration is to ensure that information is accessible through the network using a simple and organized process by any authorized requester.

Directory services administration addresses:

- Directory-enabled applications.
- Metadirectories.
- User, group, and resource creation, management, and deletion.
- Daily support activities such as monitoring, maintaining, and troubleshooting the enterprise directory.

Key Elements

- *Directory types:*
  - General purpose or standard directories - General purpose or standard directories are not tied to any one or specific application or service, not uniquely associated with any specific Network Operating System (NOS), nor are they deployed for any singular purpose.
  - Special purpose application and NOS directories - Special purpose or application directories are directories that are uniquely tied to a specific application (or suite of applications).
  - Directory services manager - The directory services manager is responsible for all of the process improvement efforts affecting directory administration and its activities. The directory services manager should also be able to spend a considerable amount of time working on process improvement, and also be able to maintain good relations with both top managers in various business units and stakeholders with vested interests in the success of the process.
  - Capacity manager - The capacity manager manages the capacity of services to users. This person is responsible for planning, monitoring, and reporting activities relating to system and solution capacity, performance measurement and forecast in the IT organization.

Network Administration

Overview

Network administration is the process of managing and running all networks within an organization. The Network Administration SMF is responsible for the administration and maintenance of the physical components that make up the organization's network, such as servers, routers, switches, and firewalls. Network Administration must ensure that the network operates efficiently at all times to avoid any negative impact to the operation of the enterprise. This SMF works closely with the Infrastructure Engineering SMF (in the Optimizing Quadrant), which defines the architecture, topology, and components of the IT infrastructure.

Network administration covers:

- Local area networks, including wireless and Internet access for employees.
- Wide area networks and storage area networks.
- Virtual private networks, including remote and dial-up access, as well as broadband and mobile devices.
- Daily support activities such as monitoring, maintaining, and troubleshooting all networked components including hardware.

Key Elements

- *Fault management* - The job of fault management is analyzing information about the network to help predict and manage faults within the infrastructure.
- *Performance management* - This involves the processes and procedures for making necessary, controlled, and scheduled changes to the system. The current state of the network is monitored to determine possible need for modification and expansion of the network.
- *Network Security* - Security includes processes, procedures, people, and hardware needed to protect the network from intrusions

and other breaches. Security breaches can be internal or external. The purpose of security is to protect the network.

Storage Management

Overview

Storage management includes a great number of individual components such as servers, storage hardware, storage software, storage networks, tools, and operational processes that must be seamlessly melded together so that businesses can reliably safeguard their data while trying to realize cost and efficiency improvements. Businesses and organizations are also suffering from the tremendous data growth explosion as more and more information is stored electronically.

Ensuring that these systems, and their stored data, keep operating is a critical part of business planning. While the Storage Management SMF lies within the Operating Quadrant and now includes the former Print and Output Management SMF, it is intricately tied with the Optimizing Quadrant SMFs of Capacity Management, IT Service Continuity Management, Availability Management, and Security Management.

Business continuance is the process of ensuring that critical data and systems remain available even if hardware, software, or environmental problems interrupt the primary servers' normal operation. Storage management also works with the other SMFs in the Operating Quadrant to ensure that operating level agreements are achieved for items such as recovery time objectives and availability metrics, which then enable the customer's SLA requirements to be met.

Key Elements

- *Storage manager* - The storage manager is the process owner with end-to-end responsibility for the storage management process.

- *Media librarian* - The media librarian maintains the media library.
- *Capacity manager* - The capacity manager manages the capacity of services to users. This person is responsible for planning, monitoring, and reporting activities relating to system and solution capacity, performance measurement and forecast in the IT organization.

Job Scheduling

Overview

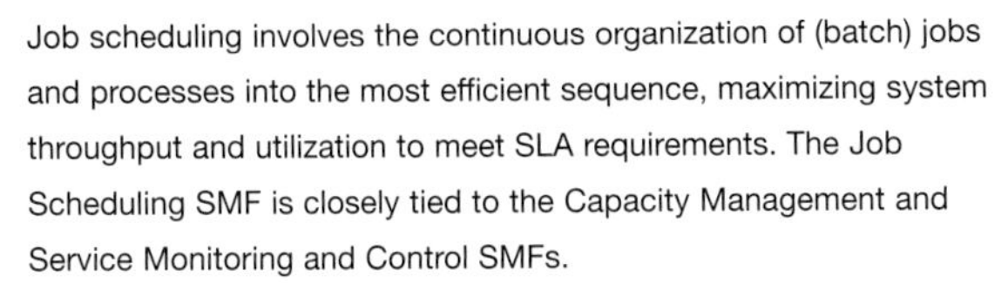

Job scheduling involves the continuous organization of (batch) jobs and processes into the most efficient sequence, maximizing system throughput and utilization to meet SLA requirements. The Job Scheduling SMF is closely tied to the Capacity Management and Service Monitoring and Control SMFs.

The goal of job scheduling is to ensure that:

- SLAs and user requirements are met.
- Available capacity is used most effectively (the workload running at any given time does not exceed the acceptable capacity levels).

Job scheduling entails defining:

- *Job schedules* - The workloads are organized by time periods (daily, weekly, monthly, annually) and jobs are scheduled for execution according to business needs, length of job, storage requirements, and associated dependencies.
- *Scheduling procedures* - Schedules are set up and maintained, conflicts and problems pertaining to scheduling are managed, and special needs (for example, as-needed jobs) are accommodated.
- *Batch processing* - Jobs are executed according to the work schedule, run priority, and job dependencies.

Key Elements

- *Batch architecture* - The purpose of the batch architecture is to optimize processing (improve response time and utilization of system resources) by executing batch runs during off-peak periods.
- *Management server* - The heart of the batch architecture is the management server on which the batch scheduling tool resides. This tool permits the automatic execution of pre-determined scheduled batch runs.

7. MOF Supporting Quadrant

Definition, Goals, and Objectives

The Supporting Quadrant includes the processes, procedures, tools, and staff required to identify, assign, diagnose, track, and resolve incidents, problems, and user/customer requests within the approved requirements delineated in the service level agreement.

The key goal of the Supporting Quadrant is the timely resolution of these incidents, problems, and inquiries for end users of the IT services provided. The SMFs within this quadrant achieve this goal through the following objectives:

- Ensure that both reactive and proactive functions are in place to manage service levels.
- Prioritize the service desk's focus on meeting customer needs and business requirements.
- Work with the Operating Quadrant's SMFs in monitoring for issues before they affect the user.

The reactive functions depend on an organization's ability to respond and resolve incidents and problems quickly. The more desirable, proactive functions try to avoid any disruption in service in the first place by identifying root causes and resolving problems before any service levels are impacted. This is primarily achieved through effective monitoring of the service solution against predefined thresholds and by giving the operations staff time to resolve potential problems before they manifest into service disruptions. Clearly, although MOF defines these support processes in the Supporting Quadrant, they are in integral part of the daily functioning of every other quadrant, particularly the Operating Quadrant in tracing problems to their root cause.

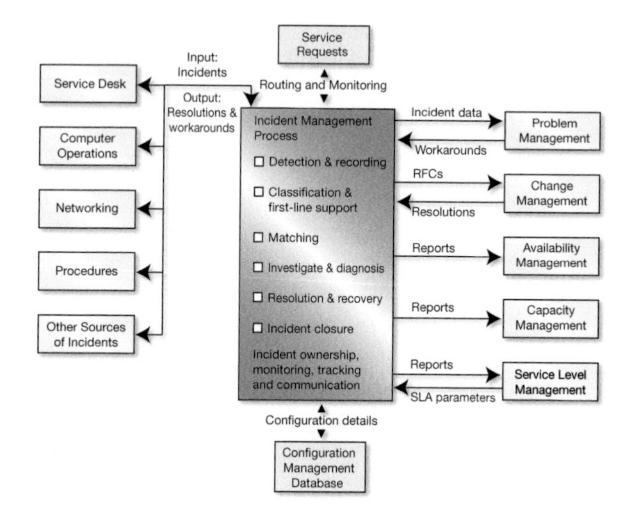

Relationship between Service Desk, Problem Management, Change Management, and Incident Management SMFs

The Supporting Quadrant includes three service management functions:

- Service Desk
- Incident Management
- Problem Management

SLA Review

The SLA Review is the operations management review in the Supporting Quadrant. It assesses the effectiveness of the IT operations group in delivering the agreed-upon service levels contained in the mutually approved (by both the customer and IT) SLA. This review focuses its assessment on the delivery of services to the customer and end users and is complementary to the Operations Review discussed earlier. Whereas the Operations Review focuses on internal operational efficiencies, the SLA Review focuses on external end-user service levels and any changes required to address inadequacies in these services. MOF recommends that customers, end users, and the operations staff use the SLA Review on a regularly scheduled basis (for example, monthly or quarterly) to monitor service delivery and to identify changes required in service levels, system functionality, new business requirements, and/or key process changes.

Service Desk

Overview

The service desk is the central, single point of contact between the IT organization and its customers and users on a day-to-day basis and is the key SMF of the Supporting Quadrant. The service desk is a business-focused mechanism which allows business processes to be integrated into the service management framework. One of the major responsibilities of the service desk is to coordinate the incident management function, but the service desk also provides an interface for customers and users to other service management activities including change management, service level management and various SMFs from the Operating Quadrant.

The service desk receives incident calls and service requests. In the case of an incident, the function of the service desk is to minimize business disruption by facilitating the prompt restoration of normal service. In the case of a service request, the function of the service desk is to deal with the request in the most appropriate manner, either by satisfying the request directly or by escalating the request to an appropriate group.

Item	Definition
Incident	Any event that deviates from the expected operation of a system
Service Request	A communication between the user and the IT organization. Examples of service requests include requests for changes, requests for information, ad hoc job requests, procurement requests, comments, or suggestions.

Key Elements

Two major characteristics of the Service Desk SMF are operation and optimization.

- *Service desk operation* - Those tasks performed in the day-to-day running of the service desk, including:
  - Managing the service desk staff.
  - Monitoring service desk performance.
  - Managing costs and charges.
  - Reporting to management.
- *Service desk optimization* - Those tasks performed to ensure the constantly efficient and effective day-to-day operation of the service desk. These tasks are performed in parallel with service desk operation and include:
  - Comparing actual performance to commitments (for example, comparing service level metrics with customer and operations team's OLAs and SLAs) and to industry benchmarks.
  - Optimizing headcount and staffing levels.

- Monitoring and continually assessing and improving service desk workflow and business processes.
- Monitoring and continually assessing and improving tools and technologies used in automating service desk activities.

Incident Management

Overview

Incident Management is the process of managing and controlling faults and disruptions in the use or implementation of IT services, including applications, networking, hardware, and user-reported service requests.

The effective management of incidents is a complex process that requires interaction with many other service management functions, most notably the Service Desk, Problem Management, Configuration Management, and Change Management SMFs. Because of this complexity and the need for clear communication about an incident, a robust incident taxonomy has been developed to facilitate incident management.

Key Elements

- *Incident communication* - Communicating to the enterprise the existence of and current status of service-disrupting incidents.
- *Incident control* - Ensuring that incidents are resolved as quickly as possible with minimal impact.
- *Incident origin determination* - Determining the infrastructure component or components that are causing the disruption.
- *Incident recording* - Ensuring that incidents are recorded as quickly as possible into the appropriate databases and support tools.
- *Incident alerting* - Communicating to all involved in the incident in order to ensure that action toward resolution is immediate.
- *Incident diagnosis* - Accurately determining the nature and cause of the incidents.

- *Incident classification* - Recording the incident and accurately allocating the correct degree of resources required for resolution.
- *Incident investigation* - Researching to determine if the incident is unique or has been experienced before.
- *Incident support* - Providing support throughout the entire life cycle of the incident in order to resolve the incident as quickly as possible and with the least impact to business processes. During initial support the incident is matched against existing incidents and known errors.
- *Incident resolution* - Resolving the incident as quickly as possible through the effective use of all appropriate tools, processes, and resources available.
- *Incident recovery* - Returning the effected environment to stability once the incident has been resolved.
- *Incident closure* - Effecting proper closure of the incident, ensuring that all pertinent data surrounding the life cycle of the incident is properly discovered and recorded.
- *Incident information management* - Properly recording and categorizing incident-related information for future use by all levels and organizations within the enterprise.

Problem Management

Overview

The key goal for Problem Management is to ensure stability in service solutions by identifying and documenting errors from the IT infrastructure, and either creating a workaround or initiating a request for change (RFC) to resolve or eliminate the root cause (where supported by the business case for doing so). The Problem Management SMF takes the lead in structuring the escalation process of investigation, diagnosis, resolution, and closure of problems.

Problem Management is closely interrelated with Incident Management. To better understand this interrelationship, it is necessary to understand the differences between incidents, problems, and known errors. The following table lists these key definitions.

Item	**Definition**
Incident	Any event that deviates from the expected operation of a system.
Problem	A condition identified from multiple incidents exhibiting common symptoms, or from a single significant incident, indicative of a single error, for which the cause is unknown.
Known Error	A condition identified by successful diagnosis of the root cause of a problem when it is confirmed which configuration item is at fault, and a temporary or permanent fix or workaround is in place.

The relationships between these definitions are represented in the picture at the following page.

Problem management performs investigation and diagnosis that is fundamentally different from incident management. Incident management is concerned with the rapid restoration of normal service. This may involve invoking a temporary workaround or other interim process, recognizing that restoring the service doesn´t have to result in discovering the root cause. Problem management is concerned with identifying the source and root cause of incidents and to prevent incidents from recurring.

Problems are classified based on business impact, urgency, and the resources required to implement workarounds or implement permanent solutions. This classification facilitates proper prioritization and escalation to the correct support resources.

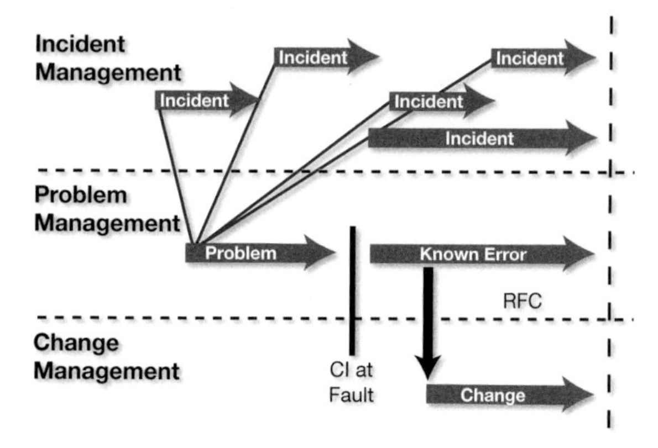

Relationships between Incident Management, Problem Management and Change Management SMFs

Problem management also works proactively to prevent incidents from occurring. This proactivity might include working with availability management to ensure that increased redundancy is built in to critical infrastructure areas.

Key Elements

- *Problem recording and classification* - Initial detection and recording of a problem through various media (e.g., via the incident management process, via analysis from problem management data, via other SMFs.)
- *Problem investigation and diagnosis* - Investigation of the problem and the diagnosis of its root cause including the handling of major problems that require additional planning, coordination, resources, and communication, and which may result in the initiation of a formal project.
- *Error control* - Managing known errors, including requesting changes to IT components to remove known errors in the IT infrastructure and to prevent recurrence of related incidents.
- *Problem closure* - The official closure of the problem to include recording of details in the problem management system (e.g., CIs, symptoms, resolution and/or circumvention actions).
- *Proactive analysis* - Problem analysis and targeting of preventive action for the purpose of identifying and resolving problems and known errors before incidents occur.
- *Problem reviews* - A review of all events and actions related to the resolution of a specific problem for the purpose of gathering useful knowledge and information.

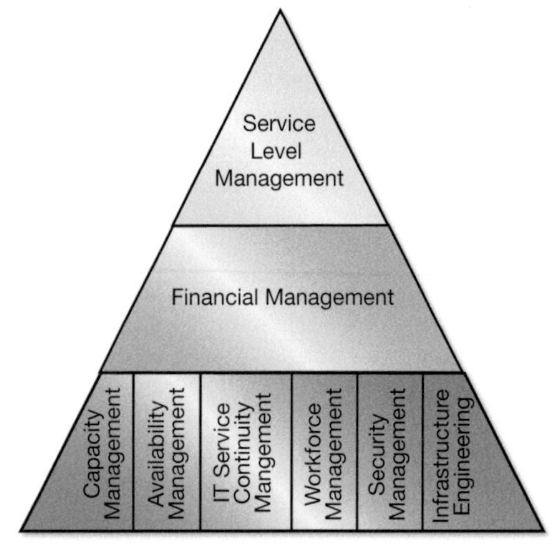

Optimizing Quadrant SMF hierarchy

8. MOF Optimizing Quadrant

Definition, Goals, and Objectives

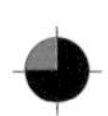

The Optimizing Quadrant's activities entail planning and improving all aspects of IT service management, with a proactive, long-term holistic view of all the processes within the MOF Process Model. This quadrant's functions include review of outages/incidents; examination of cost structures, staff assessments, and availability; and performance analysis as well as capacity forecasting. The goal of the Optimizing Quadrant is to add value to the business through the optimization of cost, performance, capacity, and availability in the delivery of IT services.

The objectives of the Optimizing Quadrant include:

- Identify short- and long-term recommendations for changes that will lower IT costs.
- Assess and identify ways to improve or streamline processes and improve service levels across the IT organization.
- Align with the business growth and direction to evaluate existing operations and forecast future activity for IT operations.

The Optimizing Quadrant includes eight service management functions:

- Service Level Management
- Financial Management
- Capacity Management
- Availability Management
- IT Service Continuity Management
- Workforce Management
- Security Management
- Infrastructure Engineering

The hierarchy of SMFs within the Optimizing Quadrant is illustrated at the left.

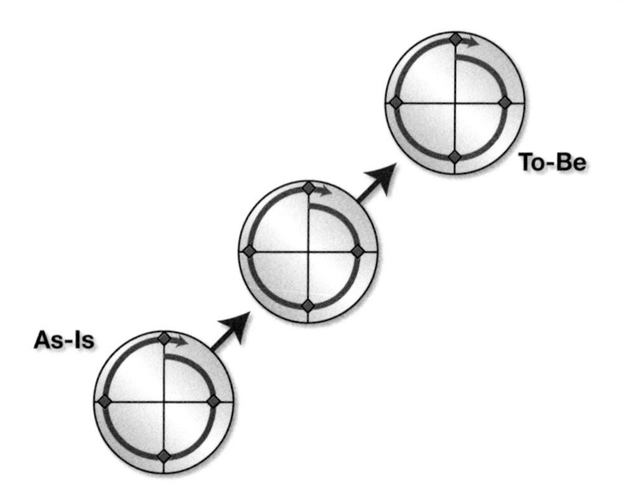

Moving iteratively from the current state to the desired state

The primary outcome of each SMF in this quadrant is to identify, define, and ultimately gain approval for changes in the form of new releases and/or retirement of certain services. Based on an accurate understanding of the current state, iterative improvements are made over time. The diagram at the left illustrates this concept utilizing the MOF Process Model for continuous improvement.

MOF recognizes that running IT operations successfully is a prerequisite to achieve business success in the competitive marketplace. The Optimizing Quadrant specifically addresses this fact by focusing on two fundamental elements of operations:

- Business-focused service level management.
- Awareness and management of service delivery costs.

Change Initiation Review

The Change Initiation Review is the operations management review in which changes are evaluated for cost and benefits and in turn become the catalyst for the Changing Quadrant to begin executing the release. Changes may originate from anywhere: internal to IT, from the business, from supplies and partners, or any external source.

The Change Initiation Review (formerly called the Release Approved Review) results in the formal approval of a proposed change, or set of changes, to be developed and packaged into a defined release. (The Change Initiation Review aligns with the change authorization process in ITIL.) This review is key to the operations environment because it begins the investment cycle for operations planning and deployment of a given release.

The goal of the Change Initiation Review is to ensure that due diligence is performed in the cost-benefit analysis of proposed changes. This is critical in deciding how best to spend the limited IT resources of any organization. It also ensures that the operations

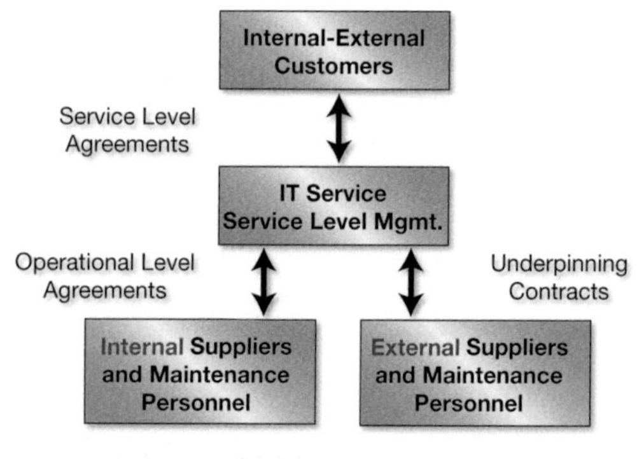

Agreements and contracts

staff is appropriately represented in the decision-making process for these IT investments.

In larger or more complex projects, this review corresponds directly to the MSF Project Plans Approved Milestone, which is the official approval to build the product/solution according to the defined specifications and timelines. It is at this point that money, people, and equipment now begin to come together to make the release a reality.

Service Level Management

Overview

MOF advocates the best practices of IT service delivery, and the Service Level Management SMF specifically provides a structured way for consumers and providers of IT services to meaningfully discuss and assess how well a service is being delivered. The primary objective of service level management can be summarized as providing the mechanism for setting clear expectations with the customer and user groups about the service being delivered and then measuring performance against these requirements. Satisfied customers are a result of first setting clear expectations and then consistently meeting those expectations through execution.

The key activities within the Service Level Management SMF include:

- Creating a service catalog.
- Identifying and negotiating service level requirements for service level agreements.
- Ensuring that service level requirements are met within financial budgets.
- Setting accounting policies.
- Monitoring and reviewing support services.

The diagram at the left depicts the hierarchy of agreements.

Key Elements

- *Creating a service catalog* - The service catalog lists all of the services currently being provided, summarizes service characteristics, describes the users of the service, and details those responsible for ongoing maintenance.
- *Creating service level agreements (SLAs)* - An SLA is an agreement between the IT service provider and the customer/user community. The SLA formalizes customer/user requirements for service levels and defines the responsibilities of all participating parties.
- *Aligning SLA, OLA, and UC commitments* - Underpinning contracts (UCs) and operational level agreements (OLAs) must have service metrics that are aligned with the SLA commitment.
- *Managing the process* - Service level management requires an ongoing cycle of agreeing, monitoring, and reporting on IT service achievements and taking appropriate actions to balance service levels with business needs and costs.

Financial Management

Overview

Financial management activities include budgeting, IT accounting, charging (or charge-back models), and system decommissioning.

Budgeting includes predicting and controlling the spending of money within the organization. Financial management ensures that any service solution proposed to meet the needs identified from a request for change is justified from a cost and budget standpoint. This is often referred to as a cost-benefit analysis and is included in an organization's forecasting as well.

The *IT accounting* process enables the IT provider to account for how its money is spent - for example, costs by customer, service, activity, organization, or any other of the myriad ways accounting is performed.

Charging is the activity required to bill customers for services. In addition, many corporations today are utilizing cost allocation or charge-back models where business units are funding their own key IT projects. This places more accountability for the business value of IT projects in the hands of those who must justify the expenditure and prove the benefits. A consequence of these models is that they put more pressure on the IT groups to become more efficient and cost-effective. With the surge in IT outsourcing, application hosting, and e-commerce, charging and charge-back models are becoming integral components of business operations.

One more activity within the Financial Management SMF addresses *system decommissioning* or retirement. Far too often, a system or application is deployed and continues to be supported far past its useful life span. It is critical that systems be assessed over time to consider not only upgrades and new functionality, but also replacement, outsourcing, or simple retirement. Financial as well as business intelligence must be considered when making these types of assessments.

The figure at the following page shows the primary components of financial management.

Key Elements

- *IT accounting* - The identification of assets and activities (cost elements) to which costs can be assigned. IT accounting also involves the development of cost allocation methodologies by which costs related to each cost element are distributed fairly and equitably to customers. IT accounting is responsible for producing financial reports.

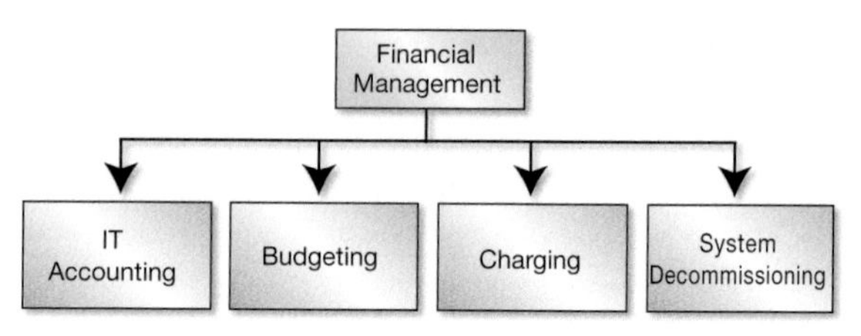

The primary components of financial management

- *Budgeting* - Planning future activities and assessing the performance of current activities, and predicting variances from original forecasts. The budget is a statement in financial terms that supports the long-term goals of the enterprise.
- *Charging* - The activity required to bill customers for services. Charging stimulates cost awareness among customers and cost-efficiency of IT groups. Charging and charge-back models should be simple, fair and realistic, enabling the customer to manage the cost of service solutions.
- *System decommissioning* - Far too often, a system or application is deployed and continues to be supported far past its useful life span. It is critical that systems be assessed over time to consider not only upgrades and new functionality, but also replacement, outsourcing, or simple retirement.

Capacity Management

Overview

Capacity management is defined as the process of planning, sizing, and controlling business, service solution, and resource capacity such that it satisfies user demand within the performance levels established in the capacity plan and service level agreements.

The Capacity Management SMF consists of the following three components:

- *Business capacity management* - Responsible for ensuring that the future business requirements for IT services are considered, planned, and implemented in time to be in place and functioning when the business needs them.
- *Service capacity management* - Focuses on the management of the performance of the production, operational IT services used by the customers.
- *Resource capacity management* - Focuses on the management of the individual components of the IT Infrastructure.

Accomplishing these activities requires information about usage scenarios, patterns, and peak load characteristics of the service solution as well as stated performance requirements. Obviously, server and network capacity are key components to overall capacity and, based on the usage scenarios, the IT operations staff can set predetermined thresholds that will indicate when additional capacity is required.

In addition to system parameters, it is important to consider staffing levels in capacity planning. As a service solution is required to scale to larger and larger loads, the manual activities associated with the solution may require an increased number of resources to support the increased load. An obvious example of this would be the service or help desk. Increases in user loads will generally increase the number of incidents that must be addressed.

An often overlooked element of capacity planning is the operational processes themselves. Many times the processes deployed to deliver a service solution are not reevaluated when user volume increases until process response times become problematic. Analysis typically discovers that the process, while perhaps adequate for low user volumes, could not scale to support the increased loads. Thus, 'process scale' must be examined on a regular basis along with the more traditional system parameters.

Key Elements

- *Performance management* - Measuring, monitoring and tuning the performance of IT infrastructure components.
- *Application sizing* - Determining the hardware or network capacity required to support new or modified applications, including the workload (details about the capacity requirements of the application).
- *Modeling* - Using mathematical models, and other modeling

techniques, to determine the impact of alternatives for capacity deployment (currently available or to be acquired), for example by considering various scenarios for the increasing demand for IT services.

- *Capacity planning* - Developing a capacity plan, analyzing the current situation (preferably using scenarios) and predicting the future use of the IT infrastructure and resources needed to meet the expected demand for IT services.
- *Alignment with business plan* – The business plan of the user community activities must be a major component of the capacity plan.

Availability Management

Overview

The singular goal of the Availability Management SMF is to ensure that customers can use a given IT service when they need it. A goal of maximum availability (with total annual downtime measured in just minutes for most organizations) is a worthy objective for any operations staff to achieve.

Ensuring high availability for a service solution must begin early in the software or service development process. Here again, Microsoft® frameworks add great value in that MSF is 'operations aware,' or in other words, is complementary to MOF, and is positioned to ensure that designing for availability, reliability, manageability, and maintainability occur and are documented in the specification of the product or service (beginning with the project's Envisioning Phase). Whether the service solution is an off-the-shelf package, custom application, or outsourced operation, high availability cannot be achieved without a solid technical architecture and system design. Assuming the service solution has been constructed to achieve high-availability requirements, it then becomes necessary to support the service with solid operational processes and skilled people. These latter elements are the key focus of this Availability Management SMF.

Availability is related to, but different from, *reliability*. Reliability, in statistical terms, measures how frequently and at what intervals the system fails, whereas availability measures the percentage of time the system is in its correct operational state.

The common method for calculating availability is to subtract downtime from total time and divide by total time. These numbers must be obtained from the service level agreement requirements in order to be accurate and meaningful. For example, downtime is defined as the occasions when users cannot utilize the service at the times prescribed by the SLA. For instance, if the SLA specifies six hours downtime every Saturday for maintenance on a reporting system, those hours do not become downtime that detracts from the availability of the service because it was originally agreed to in the user expectations. Total time is the number of hours that the service should be available for use as defined in the SLA. In this example, the weekly six-hour maintenance window would be subtracted from the total time.

Key Elements

- *Define availability objectives and constraints* - The agreement between IT service provider and customer about availability requirements and the budget available to achieve them. This work needs to be based on a clear understanding of the customer's business objectives and the cost of downtime or unavailability of the service in question.
- *Propose availability solution* - An iterative process in which availability requirements are balanced with budget in order to identify a cost-effective mix of technology, people, and processes needed to meet those requirements:
  - <u>Identify key service components</u> - Identify the major technology components, infrastructure, people, and processes that underpin the end-to-end delivery of service.

* Design for availability - Identify availability risks affecting each service component and design cost-effective countermeasures; consider the life cycle needs of each component and ensure they are appropriately addressed.
* Design for recovery - Ensure efficient incident detection and recovery tools and processes are in place to handle any service outages that do occur.

- *Formalize operational level agreements (OLAs)* - The formalization of an agreement between internal IT service providers for the availability targets, reporting mechanism, reporting frequency, and information reported to the customer.

IT Service Continuity Management

Overview

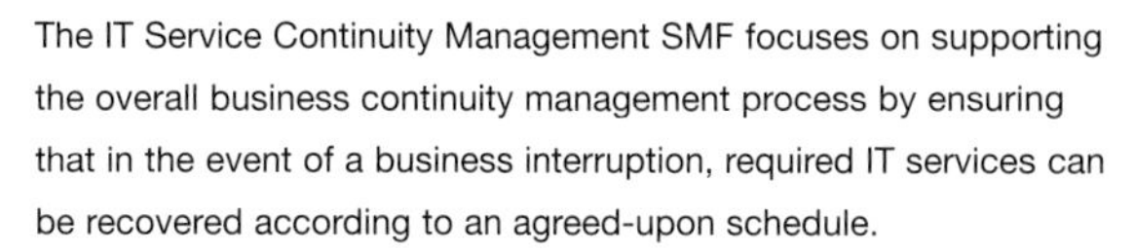

The IT Service Continuity Management SMF focuses on supporting the overall business continuity management process by ensuring that in the event of a business interruption, required IT services can be recovered according to an agreed-upon schedule.

The focus is on minimizing the business disruption of mission-critical systems. This process deals with planning to cope with and recover from an IT disaster. An IT disaster is defined as a loss of service for protracted periods, which requires that work be moved to an alternative system in a nonroutine way. It also provides guidance on safeguarding the existing systems by the development and introduction of proactive and reactive countermeasures. IT service continuity management also considers which activities need to be performed in the event of a service outage not attributed to a full-blown disaster.

Many project methodologies, such as PRINCE2 and MSF, will refer to risk management as a critical area of managing a successful project. This is sound best practice, and the discipline of risk management applied to operations provides guidance in this area (see Resources section). IT service continuity management builds upon risk management principles and identifies key risks to service provision, assesses the likelihood of occurrence, determines the impacts, defines mitigation measures to reduce the probability of occurrence and/or reduce the impact of the risk condition, and provides contingency plans for business continuity in case the risk event actually occurs.

Objectives of IT service continuity management include:
- Preventing interruptions to IT services as well as recovering services after an interruption occurs.
- Producing an effective service continuity (contingency) plan. This plan will be utilized in a time of disaster and/or protracted service outage to support the overall business process by ensuring that the required IT technical resources and services facilities can be recovered within the business time-scales that the SLA requires.

Ideally, systems are designed to include sufficient levels of resilience, such as diversely rooted networks and geographically distributed servers, so that the design phase of the project addresses many of the requirements for sound IT service continuity planning. Again, MSF offers detailed guidance in these areas in designing for operations and infrastructure deployment.
Note that IT service continuity and availability management are significantly interrelated, but have different imperatives. Availability management is concerned with designing and building services with the appropriate availability characteristics under normal day-to-day operating conditions and expected downtime and maintenance. IT service continuity management is concerned with preparing for, preempting, and managing business interruptions -that is, not 'business as usual' situations, but the unexpected and/or disasters. Risk management is heavily used in both SMFs.

Key Elements

- *Acquire service continuity requirements* - The identification of risks not mitigated by availability management.
- *Propose contingent solutions* - The establishment of business-justified contingency plans involving two separate but equal functions:
  - Failover - Moving the operation of a component from its primary location to a secondary location.
  - Restoration - Restoring the operation of a component from the secondary location back to the primary.
- *Formalize operational level agreements* - The formalization of an agreement between internal IT service providers for a cost-effective contingency solution.
- *Formalize the contingency plan* - The formalization of the contingency plan including prescriptive guidance on failover and restoration, escalation and notification procedures, start-up and shut-down procedures, communication methods, and status reporting requirements.

Workforce Management

Overview

Achieving any of the objectives described in this paper requires an adequately skilled and trained workforce. It is important to put best practices in place to continuously assess changing economic conditions and impacts on the IT workforce and make the appropriate investments and adjustments. This includes recruiting, skills development, knowledge transfer, competency levels, team building, process improvements, and resource deployment.

The Workforce Management SMF is complementary to the MOF Team Model in that the Team Model describes the core operations functional roles and their activities in enabling MOF Process Model activities, while the Workforce Management SMF focuses more on the human resource components of staff development, training, and so forth.

Key Elements

- *Crafting an operations organization* - Building the IT operations organization, including determining staffing requirements, training and retention, and external staffing options.
- *Workforce performance considerations* - Managing staff performance, including setting realistic and achievable objectives, monitoring and measuring performance, evaluating performance, and administering rewards and recognition.
- *Maintaining a ready and reliable workforce* - Preparing IT operations staff to adequately perform given IT operations functions, ensuring continued adequate performance, and retaining employees.

Security Management

Overview

The goal of the Security Management SMF is to define and communicate the organization's security plans, policies, guidelines, and relevant regulations defined by the associated external industry or government agencies. Security management strives to ensure that effective information security measures are taken at the strategic, tactical, and operational levels. It also has overall management responsibility for ensuring that these measures are followed as well as reporting to management on security activities. Security management has important ties with other processes; some security management activities are carried out by other SMFs, under the supervision of the Security Management SMF.

Key Elements

- *Define and communicate security policies and guidelines* - Policies and guidelines have to be in place, and all staff should be aware of these.

- *Information security measures* - The policies and guidelines should be applied to specific measures at all management levels.
- *Monitoring performance* - Monitoring the application of security measures, and reporting to management.

Infrastructure Engineering

Overview

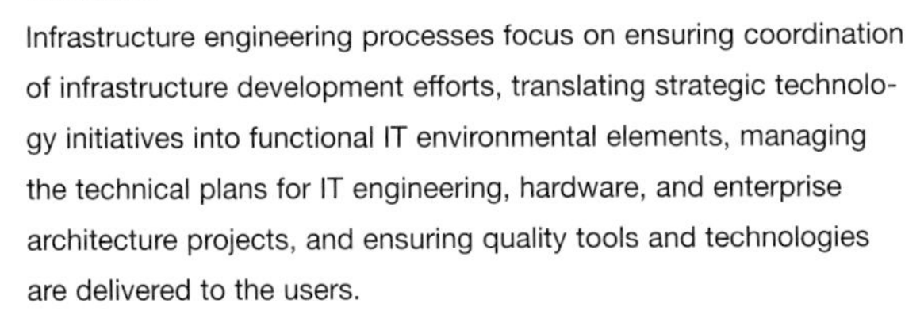

Infrastructure engineering processes focus on ensuring coordination of infrastructure development efforts, translating strategic technology initiatives into functional IT environmental elements, managing the technical plans for IT engineering, hardware, and enterprise architecture projects, and ensuring quality tools and technologies are delivered to the users.

IT personnel responsible for implementing the processes contained in the Infrastructure Engineering SMF typically perform coordination duties across many other SMFs, liaising with the staffs who implement them. The Infrastructure Engineering SMF has close links to such SMFs as Capacity Management, Availability Management, IT Service Continuity Management, and Storage Management, as well as across ITIL functions such as Facilities Management. It provides a means of coordination between separate, but related, SMFs that was previously lacking in MOF.

Infrastructure engineering is, in several ways, an embodiment of MSF management principles within the MOF Optimizing Quadrant. The processes primarily involve project management and coordination, within an IT operations context. They are linked with nearly every other SMF in order to communicate engineering policies and standards and to ensure that they are included and adhered to when implementing projects and production functions. To accomplish this, those in the Infrastructure Role Cluster (of the MOF Team Model) work with management teams in each of the operations areas to apply guidance from the Infrastructure Engineering SMF. The MOF Risk Management Discipline is performed continually during this process to evaluate whether engineering standards and guidelines are helping to mitigate operations risks across the environment.

Key Elements

- *Business alignment* - Ensuring that the technology and application portfolio aligns with the business strategy and direction.
- *Design* - Directing solution design and creating detailed technical design documents for all infrastructure and service solution projects.
- *Quality assurance* - Verifying the quality assurance efforts of infrastructure development projects and developing standard quality metrics, benchmarks, and guidelines.
- *Infrastructure optimization* - Identifying and making recommendations for reducing costs and/or increasing efficiency by employing technological solutions.

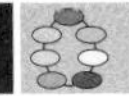

Components of Successful Role Interaction

Having a successful and efficient operations team means more than defining roles, responsibilities, and job functions. It must include underlying practices that instill a sense of workplace values and establish benchmark guidelines for how the team should function and what ideas should guide decision making.

The five primary guidelines for the MOF Team Model are:

- Providing great customer service.
- Understanding the business priorities and enabling IT to add business value.
- Building strong, synergistic, virtual teams.
- Utilizing IT automation and knowledge management tools.
- Attracting, developing, and retaining skilled and talented IT operations staff.

Functional Roles and Role Clusters

The MOF Team Model organizes the activities of IT operations into seven distinct role clusters that represent areas, or functional roles, within IT operations where particular staff members or groups are performing activities toward a shared goal or a similar mission of service.

These role clusters do not imply or suggest any kind of an organization chart or a set of job titles because this will vary widely by organization and team. IT organizations will implement aspects differently, depending on the size of the group, the scope and boundaries of the systems, the geographic locations, the resources available to the team, and the specialties and experiences of the individual staff. For example, operations management groups within corporate enterprises, small businesses, educational institutions, e-businesses, and hosting and application service providers - while all requiring a common baseline of operational functions -

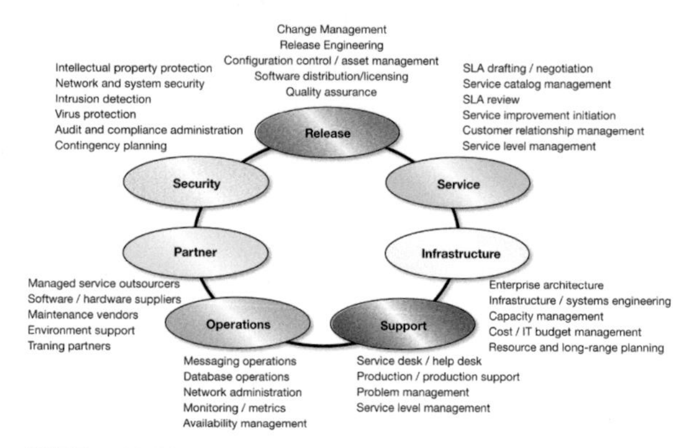

MOF Team Model role clusters and examples of functional roles or function teams

will each also have distinct operational needs for their specific businesses.

The seven role clusters of the Team Model define the general categories of activities and processes, common ways to identify roles and responsibilities, and common goals for each specialist function team required for a successful operations management organization. As defined in MSF, function teams are teams that exist within a role. They are the result of a team or project being so large that it requires the people within a role to be grouped into teams based upon their functionality. An example of this for operations is the function group 'database operations' within the Operations Role Cluster. The names of the high-level role clusters are based on experience and recommendations from Microsoft® internal groups, customers, and partners and are aligned with the process ownership concepts of ITIL.

The diagram at the left provides some examples of these key functional roles or function teams and how they align with the MOF Team Role Clusters. The functions listed are just a few of the many functional roles or function teams that may exist in service management organizations.

Communication is at the center of the MOF Team Model - and all Framework models - by design. Textbooks have been written on the importance of effective communications in general and in particular industries specifically, and it is certainly a key component of an effective and efficient IT operations organization.

Goals of the MOF Team Model

The MOF Team Model is based on the concept that an operations team must achieve a number of key quality goals to be successful. Repeated experience with Microsoft internal operations groups, partners, and customers has proven these tenets in practice. These goals direct the team and help define the Team Model within MOF. The seven role clusters identified in the MOF Team Model each have a distinct set of objectives. Their quality goals (or missions of service) are:

- Controlled release and change management, and accurate inventory tracking of all IT services and systems (Release Role Cluster).
- Efficient management of physical environments and infrastructure tools (Infrastructure Role Cluster).
- Quality customer support and a service culture (Support Role Cluster).
- Predictable, repeatable, and automated day-to-day system management (Operations Role Cluster).
- Protected corporate assets, controlled authorization to systems and information, and proactive planning for emergency response (Security Role Cluster).
- Efficient and cost-effective, mutually beneficial relationships with service and supply partners (Partner Role Cluster).
- Delivery of a portfolio of business-aligned IT services (Service Role Cluster).

The result of sifting through examples and case studies of what works well in real-world situations highlights the best practices and repeatable successes that are the quality goals described here. These goals, described in more detail below, are then applied in the MOF framework in such a way as to provide specific examples and ideas for how customers and partners may improve the efficiency and effectiveness of their operations and service management practices.

The seven role clusters of the MOF Team Model (described in the following section) correspond with the key quality goals described above. They map as shown in the following table.

Quality Goal	Team Role Cluster
Release and change management	Release
Management of physical environments and infrastructure tools	Infrastructure
Quality customer support and a service culture	Support
Predictable, repeatable, and automated system management	Operations
Protected corporate assets, controlled authorization, and proactive security planning	Security
Mutually beneficial relationships with service and supply partners	Partner
A portfolio of business-aligned IT services	Service

Quality Goals and Team Role Clusters

Release Role Cluster

Overview

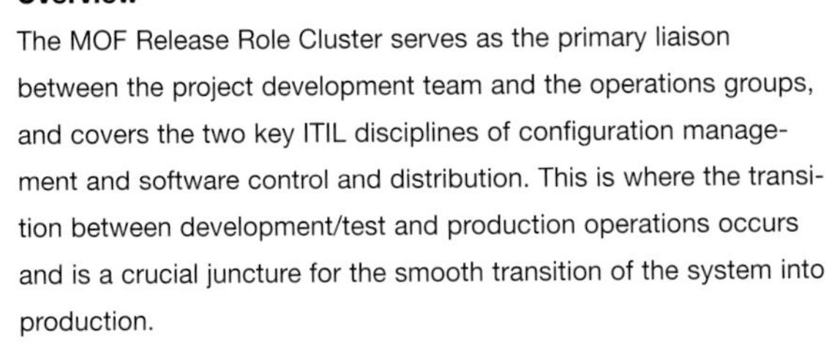

The MOF Release Role Cluster serves as the primary liaison between the project development team and the operations groups, and covers the two key ITIL disciplines of configuration management and software control and distribution. This is where the transition between development/test and production operations occurs and is a crucial juncture for the smooth transition of the system into production.

Accordingly, the Release Role Cluster of the MOF Team Model is directly linked to the Release Management Role of the MSF Team Model. This is the key area of overlap between the two team models. After the release to production occurs (during the Changing Quadrant of the MOF Process Model), the Release Role Cluster is responsible for:

- Ongoing identification, change control, and status reporting of the system and environment.

- Asset management with version control, software distribution, license tracking, usage monitoring, and retirement information.
- Maintenance of the CMDB of inventory management for hardware, software, and physical assets.

The Release Role Cluster is responsible for both inventory management and asset value management. Maintaining an accurate CMDB provides identification and scope of all systems at a given baseline, accounts for each configuration item (CI) within the CMDB, and reports management information on the state of the IT infrastructure at any given time.

The CMDB (as prescribed by ITIL) goes beyond a basic inventory and asset list; it identifies relationships among systems and between systems and users of the systems so that change triggers and dependencies can be tracked. Tools such as Microsoft Systems Management Server support automation and autodiscovery of networked devices; however, regularly scheduled baseline reviews of all assets are necessary to make sure that the inventory accounting includes non-networked devices. How frequently the baseline inventory reviews are conducted depends entirely on the scope of CIs recorded and the rate of change within the environment.

The Release Role Cluster continuously searches for ways to optimize the release process so that it is as fail-safe, recoverable, and automated as possible. For example, in large corporate IT organizations, one way to optimize the release into production and capture best practices is through the use of dedicated a release services analyst. The release service analyst is a functional position within the Release Role Cluster that is assigned to multiple projects of similar scope and function, and specifically owns the detailed release plan that documents all tasks necessary to put the product or system into production. Because the release service analyst's sole duties are ensuring on-time, smoothly executed releases, this becomes a finely tuned core competency and allows this knowledge to be reused on many system implementations.

Responsibilities

Key responsibilities of the Release Role Cluster include:

- Managing the transition between development/test and production operations.
- Planning rollout activities, procedures, and policies for repeatable practices.
- Managing configuration management process, records, tools, and documentation.
- Optimizing release/configuration automation through tools and scripts.
- Acting as primary liaison between the project development team and the operations groups (this is the intersection with the MSF Release Management Role Cluster).
- Conducting the Release Readiness Review and establishing go/no-go criteria.
- Tracking, auditing, and reporting change for hardware and software.
- Controlling configuration (owns CMDB).
- Managing software licensing and distribution and maintaining the definitive software library (DSL).
- Managing tool selection and provisioning for release activities.

Infrastructure Role Cluster

Overview

The Infrastructure Role Cluster connects knowledge, people, processes, technology, space, partners, and customers in many ways. Infrastructure management looks at the evolving enterprise architecture and ensures that plans are in place to meet the new and changing requirements of running the business from a networking, telecommunications, hardware, and software perspective. The term infrastructure engineering is frequently used to refer to the positions within this role cluster.

A key component of long-term planning is the capacity management of enterprise resources. The Infrastructure Role Cluster owns the selection and management of the fundamental building blocks that applications rely on for underlying system services. Examples of these building blocks include system-level software, system management software such as Microsoft Systems Management Server, network management software, middleware, and security software.

Additionally, the Infrastructure Role Cluster includes responsibility for shared/common data management such as customer and product data, space and storage planning (data centers, field and remote offices, test labs, development labs, and so forth), as well as the tools necessary to support the infrastructure. Standard images, approved-build compact discs (CDs), physical build replication, and data center server physical placement and management are all common activities owned by the Infrastructure Role Cluster.

The Infrastructure Role Cluster works closely with the real estate and facilities group in planning and coordinating building and office moves, expansions and acquisitions, physical environment changes, and other events. It plans for issues such as proper wiring, lab space, data center accommodations, and user connectivity to the corporate network.

In large enterprises, the Infrastructure Role Cluster frequently owns the organizing and managing of IT policies and procedures, methodologies, standards such as desktop and server hardware, distributed computing connectivity and telecommuting resources, and cost-management techniques. In the growing use of 'virtual enterprises,' many options for working anytime/anyplace need to be technologically understood and supported.

The Infrastructure Role Cluster works closely with the Support and Operations role clusters to ensure efficient infrastructure development and effective deployment. This joint effort allows the Support and Operations role clusters to design sound processes for the smooth operation of infrastructure solutions.

Responsibilities

Key responsibilities of the Infrastructure Role Cluster include:

- Planning and managing the IT infrastructure to meet the ever-changing business requirements.
- Researching and providing recommendations for remote access and collaboration technologies.
- Developing and documenting the policies and procedures for consistent infrastructure management, methodologies, and standards.
- Managing strategy for the operations and support of the IT infrastructure (computers, networks, local equipment).
- Coordinating physical environment usage and planning across geographies (data centers, labs, field offices).
- Managing infrastructure engineering, lab, and IT facilities.
- Forecasting and managing capacity of systems and services.
- Monitoring availability of infrastructure services.
- Defining how costs are measured, tracked, and reported, and then using that information to plan and budget
- Managing server builds, standard images, and software installations.
- Providing cost and charge-back reporting to management and customers based on established costing and charging policies.

Support Role Cluster

Overview

The MOF Support Role Cluster includes service desk, incident, and problem management functions. Support is key not only to internal users (employees) of the corporate IT services, but also to external customers of an organization's products and services. Such support is commonly referred to as product or technical support. Customers base their perceptions of the overall quality of IT services based on their interactions with the service desk, since the service desk is the front-line contact for the user community.

The most important goal of the Support Role Cluster is to provide timely, efficient, and accurate customer support. A service desk staffing plan needs to ensure that the number of support staff on hand scales proportionately to the demand for support -at both peak and low-usage times. Maintaining appropriate service desk staffing levels helps to control support costs and minimizes response times on incidents, thus supporting the goals specified within the service level agreements.

Automation tools enable the support staff to prioritize their workload of incidents based on priority and business impact of the problem. These support-automation tools also provide reports on the measurements of success, such as response time, number of incidents on a given problem, and so forth. Each incident ultimately will be mapped to a given problem for resolution. Depending on how the Support Role Cluster is organized within a given group, designated escalation tiers within the support group will handle incidents that become problems, and the problem management team for that product area will determine the root cause of the incident. (The service desk, as stated by ITIL, is not responsible for analysis of root causes, but specifically for incident management.)

Application- and service-specific support teams (often called production support teams) are typically the second level in the escalation chain of problem management. When business units are aligned with their own IT staff, the production support team is that business unit's own line-of-business (LOB) support team, having in-depth knowledge not only of the systems but of the business its supports. This group within the Support Role Cluster receives escalated incidents from the service desk. Depending on the nature of the problem, production support either resolves it or consults with a peer operations team such as database operations or network operations to correct the problem as quickly as possible.

The Support Role Cluster should own problem management. Ideally, this is a dedicated problem analyst role that is responsible for tracking problems and following up on their resolution. The problem analyst ensures that a specific group corrects the root cause of problems. In large enterprise IT departments as well as in e-businesses where achieving prescribed service levels is integral to the business, the role of a dedicated service level manager can be a great asset. ITIL assigns a service level manager as the process owner of service level management. In smaller IT groups, a dedicated role or group for service level management is not practical and the service level management process will be inherent in the primary support group's overall responsibilities.

Where the need is justified, a service level manager can provide a marked improvement in the ability of the IT service provider to carefully monitor the service levels set out in the service level agreement (SLA) to ensure that customers' needs are being met with high-quality support and timely responses, and that costs are carefully managed while meeting the goals specified in the SLAs.

The Support Role Cluster also owns capacity planning specifically for the LOB systems in the business unit and works with the Infrastructure Role Cluster in aligning the business unit's capacity and growth plans with the enterprise capacity planning process.

Effective, accurate, and timely communications are key for all of the roles, but especially for the support role. The support role's prime responsibility of providing quality service to the customer is highly dependent on clear communication.

In addition to being able to communicate technical and procedural information with the customer, an often taken-for-granted but important trait of support personnel is interpersonal and customer service skills. The customer's perception of IT and the service received is based not only on satisfactory resolution of the incident and how much time it required, but also on the overall experience of working with the help desk. This includes the customer's perception of the help desk staff's attitude and the friendliness and overall likeability of the help desk representative.

Responsibilities

Key responsibilities of the Support Role Cluster include:

- Providing primary liaison and customer service to the IT user community.
- Supporting the business by managing the service level agreements with the customer and ensuring commitments are met.
- Providing effective incident and problem resolution using highly automated tools and knowledge base systems.
- Responding rapidly to user requests and logged incidents.
- Providing production support of LOB applications and services.
- Providing management reports and metrics on support activities.
- Offering feedback to the development and design team.
- Providing problem management process support across groups.
- Setting up failover and recovery provisions.

Operations Role Cluster

Overview

The Operations Role Cluster includes skilled specialists who focus on the technology areas and production-systems tasks necessary to run the business on a daily basis. Enterprise operations roles include dedicated specialties such as messaging, system administration, telecommunications, networking, and database administration. The personnel carrying out these specialty functions require experience with and knowledge of the latest advancements in technologies and tools (as well as pursuing ongoing education and certification to increase their knowledge) to ensure that the systems are implemented, maintained, and supported in the most efficient, automated ways possible at the lowest cost.

More specifically, the Operations Role Cluster performs the scheduled and repeatable processes such as data backup, archiving and storage, output management, system monitoring and event log management, and print and file server management. Operations management groups create and track large amounts of documentation on technical procedures and standard processes. The Operations Role Cluster also participates across functional groups to ensure that the teams meet operational commitments to support customer SLAs.

Reports by industry analysts state that the IT staff positions most difficult to recruit and retain are in the operations roles, specifically systems, network, and database administration. In the late 1990s, these roles were not considered as 'hot' or glamorous as those in Web and e-commerce development; however, as the Internet matures, those once-hot technologies are becoming more commonplace and, as a result, qualified staff is becoming easier to find.

E-commerce raises the importance of keeping systems running - with high availability and reliability. These positions are the main focus of many IT service management organizations and require staff members who are skilled not only in their specific technologies such as the Microsoft Windows Server™ platform, but who also have strong organizational, project management, and communication skills.

Responsibilities

Key responsibilities of the Operations Role Cluster include:

- Managing account and system setup controls.
- Managing messaging, database, and telecommunications operations.
- Creating key performance indicators and metrics reports.
- Managing network operations and directory services.
- Managing systems administration.
- Creating and managing user accounts and permissions.
- Performing batch processing.
- Managing firewalls.
- Providing application services.
- Providing host integration services.
- Managing directory service operations.
- Managing intranet-hosting service operations.
- Performing desktop services.
- Managing Electronic Data Interchange (EDI) and other business-to-business trading interfaces.
- Providing security administration.

Security Role Cluster

Overview

The Security Role Cluster plays an important role in nearly all IT activities, especially in e-business. An information system with a weak security foundation eventually will experience a security breach. Depending on the information system and the severity of the breach, the results could vary from embarrassment, to loss of data, to loss of revenue, to loss of life.

The primary goals of the Security Role Cluster are to ensure:

- *Data confidentiality* - No one should be able to view data if not authorized.
- *Data integrity* - All authorized users should feel confident that the data presented to them is accurate and not improperly modified.
- *Data availability* - Authorized users should be able to access the data they need, when they need it.

Security specialists in this role focus not only on the technical intricacies of protecting the corporate network, but on the business policies and practices for such things as company e-mail, remote access usage, permissions on sensitive corporate financial and human resource data, and issues as specific as maintaining the confidentiality of the organization's employee phone listing.

Information security architecture bridges the gap between platform-specific security measures and corporate business process and policy directives. One example of security's role in business processes is defining and implementing exit procedures for employees leaving the company. When an employee leaves the company, the risk to the corporation is especially high and in need of managing, especially when a company's business is intellectual property, which is more difficult to track.

The Security Role Cluster contributes to both enterprise IT and business unit IT activities. This role cluster is also integral in working with the Infrastructure Role Cluster in evaluating security-related system and automation tools such as third-party intrusion-detection systems.

Another responsibility of the Security Role Cluster is creation of a comprehensive plan for the audit, retention, classification, and secure disposal of data. Legal, financial, and historical data need to be safely stored for appropriate periods of time as defined by law, the industry, and the organization. This requires implementing an efficient backup and retrieval process in the operations role. Noncritical data should be disposed of to minimize storage costs. Physical security, as it relates to data, assures secure telephone and data connections and physical access to assets, as well as secure connections to business partners, joint ventures, and new acquisitions. Exposures related to weak physical security allow easy access to intruders.

Further information about the MOF Risk Management Discipline is available at www.microsoft.com/MOF.

Responsibilities

Key responsibilities of the Security Role Cluster include:

- Helping to monitor the correct operations of IT resources.
- Detecting intrusions and protecting against viruses.
- Providing denial-of-service protection.
- Defining policies for data retention and secure data disposal.
- Performing audit tracking and reporting.
- Providing effective network domain security design and management.
- Testing and implementing strategic security technology.
- Monitoring and assessing network vulnerability.

Partner Role Cluster

Overview

The Partner Role Cluster includes a broad collection of IT partners, service suppliers, and outsource vendors who work as virtual members of the IT staff in providing hardware, software, networking, hosting, and support services. The degree to which an IT organization utilizes partner services varies widely from business to business, depending on the size, location, industry type, and the strategic goals of the business. Looking ahead as e-business evolves, external partners will be the primary owners and suppliers of technologies. Internet e-businesses, for example, will focus on their core competencies of building and running e-commerce sites, while choosing to outsource their customer service, product fulfilment, and hardware support functions - as well as possible other functions.

In the MOF Team Model, the Partner Role Cluster represents the external business partnerships involved in delivering a service. The exact type and nature of the relationship with this partner can take on a variety of forms and perspectives; however, the importance of the partner in an efficient operations team structure cannot be understated. The management of the partner relationship within the company depends on the kind of partner and what services are being provided; so for simplicity, the internal 'relationship manager' will be referred to as the partner account manager.

Service level agreements are an integral component in the management of high-quality services obtained through vendors, suppliers, outsourcers, or any other type of third-party provider. The partner account manager is responsible for defining the terms of these agreements, costs, and ongoing operational details involved in getting both the partner provider and the customer recipient to meet their commitments to the agreement.

Maintenance contracts are a prime example of an ongoing third-party service level agreement. Microsoft, for example, outsources its internal IT help desk function to a company whose core competency is providing service desk functions and managing the help desk staff. A Microsoft IT group employee is the account manager responsible for managing the relationship with the help desk vendor. The objective is to continually assess service levels and to make whatever modifications are necessary to improve service to the internal end users while balancing the costs of running the help desk.

Knowledge management tools are especially important for managing partner and supplier roles. As e-businesses and virtual corporations are becoming an ever-increasing presence in companies of all sizes, electronic communication and collaboration tools are vital to their success. Virtual meeting tools and instant messenger technologies are some of the tools that can be used to encourage and enhance the partnership and virtual team communication process. Analyst reports indicate that collaboration tools, although still in relatively early stages of development and usage, already have improved workflow, lowered costs, and increased overall efficiency of problem solving and brainstorming within teams.

Responsibilities

Key responsibilities of the Partner Role Cluster include:

- Providing account and relationship management for IT vendor and outsource partners such as hosting, network, support, and IT maintenance services.
- Managing the contractual and service level agreements between providers and consumers and defining roles and responsibilities.
- Defining the processes and procedures for interaction between the provider and consumer.
- Creating and maintaining SLAs with suppliers.
- Evaluating third-party alternatives.
- Monitoring the effectiveness of provider services.
- Negotiating and managing costs associated with partnerships.
- Managing IT procurement and purchasing functions.

Service Role Cluster

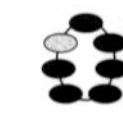

Overview

In essence, the Service Role Cluster ensures that all of the IT services being provided to customers are aligned to the customers' need for them. This involves maintaining a working relationship with customers, understanding their need for IT services, and managing the introduction of new services, service improvements, and (eventually) service reductions and retirements. To do so, the provisioning of IT services must be regularly and frequently reviewed and realignment activities carried out.

Managing and maintaining a portfolio of appropriate service solutions for customers often leads to the recognition that IT operations provides the same underlying services to many different customers at many different service levels. How to manage the service catalog to best meet the changing needs of customers is the challenge facing service managers and the staff managing service level agreements and the service catalog.

Responsibilities

Key responsibilities of the Service Role Cluster include:

- Defining IT services.
- Producing and maintaining the service catalog.
- Drafting service level agreements.
- Negotiating SLAs with customers and conducting ongoing monitoring and reviews of SLA requirements and achievement.
- Defining key performance indicators and developing and managing end-to-end service metrics.
- Leading virtual teams to continuously deliver service.
- Reviewing, identifying, and resolving systemic service-related issues.
- Being accountable for client satisfaction performance to include measuring, optimizing, and communicating expectations.
- Prioritizing service improvement requests and identifying gaps for future functionality.
- Knowledge of the customers' businesses and business processes.
- Reviewing each customer's service portfolio.
- Reviewing service delivery targets and objectives to maintain effective provisioning to the customer.

Model Quadrants

The following diagram shows at a high level how the MOF role clusters generally align with the four quadrants within the MOF Process Model. The diagram only shows the main positions of the role clusters, since role clusters may be - and most likely will be - involved in more than one quadrant at the same time. The following section will deal with this relationship in more detail.

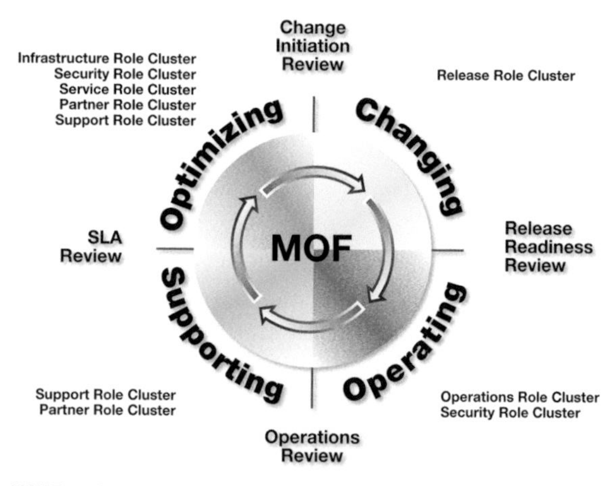

MOF Team Model role clusters and their primary mapping to the MOF Process Model quadrants

10. Integrating the MOF Process and Team Models

Overview

The roles within the MOF Team Model and their functions in the overall service management life cycle align with the MOF Process Model by quadrant. The Process Model quadrants are parallel, not linear, and therefore multiple roles can be (and often are) involved in each quadrant depending on the team and the system. Each role can also take part in more than one quadrant at the same time.

The following diagram shows at a high level how the MOF roles generally align with the four quadrants of the MOF Process Model:

MOF Team Model and examples of functional roles or function teams

	SMF	MOF Role Cluster						
		Security	Partner	Release	Service	Operations	Support	Infras- tructure
Changing	Change Management			●				
	Configuration Management			●				
	Release Management			●				
Operating	System Admin					●		
	Security Admin	●				●		
	Directory Services Admin					●		
	Network Admin					●		
	Service Monitoring and Control					●		
	Storage Management					●		
	Job Scheduling					●		
Supporting	Service Desk						●	
	Incident Management						●	
	Problem Management						●	
Optimizing	Service Level Management				●			
	Financial Management				●			
	Capacity Management				●			
	Availability Management				●			
	IT Service Continuity Management				●			
	Workforce Management				●			
	Infrastructure Engineering							●
	Security Management	●						

Team Model Role Cluster/Process Model SMF Mapping (main positions)

Mapping Processes to Role Clusters

The table at the left shows which Team Model role cluster owns each of the SMFs of the MOF Process Model.

The Partner Role Cluster does not explicitly own any processes. This is because the Partner Role Cluster is specifically responsible for working with supplier or partner groups outside of IT operations to facilitate the delivery of service to IT operations. The partner groups will often have their own processes controlling how they deliver services.

11. MOF Risk Management Discipline

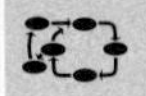

Overview

The MOF Risk Management Discipline is a six-step process for proactively identifying and managing risks in IT operations. Risk is defined as the possibility of suffering a loss. In IT operations, potential losses include loss of service or data, breaches in security, or other failures to achieve and maintain agreed-upon service levels for customers.

The Risk Management Discipline's inclusion as a core model in MOF is a response to the increasing criticality of IT services and the potential adverse business impact of disruption to those services. The MOF Risk Management Discipline provides a framework for managing risk which can be integrated into other IT operations processes.

The MOF Risk Management Discipline is based on the MSF Risk Management Discipline. While similar to the MSF Risk Management Discipline, the MOF Risk Management Discipline features extensions and customizations which make it well suited to managing risks inherent to IT operations.

Both the number and the severity of potential IT failures (specifically the ones related to IT operations) are increasing over time because:

- Business transactions and processes are increasingly dependent on IT, so failures in IT are more likely to impact the business, and that impact is more likely to be severe.
- The IT environment is increasingly complex, so even if the environment stays the same size, the number of potential failure points is rising.
- IT directly controls less of the infrastructure, so managing the possibility of failure is more important because IT has less ability

to react after the failure occurs.

- When an IT failure occurs, there is less time between the occurrence of the failure and its impact on the business.
- IT failures are increasingly visible outside the data center, so more people are negatively affected when a failure occurs.

In short, IT has more potential to support and enhance business processes than ever before; but, in turn, failures in IT have more potential to disrupt business operations and directly affect an organization's profitability and success.

Principles of Successful Risk Management

The MOF Risk Management Discipline acknowledges the following characteristics inherent to all risk:

- Uncertainty (for example 'when will that disk fail?') in IT creates a possibility for suffering loss, i.e. a risk.
- A risk is only the *probability* of suffering a loss.
- Risk is not inherently bad, not something to avoid, but something to manage, to proactively identify and address.

MOF recommends that operations integrate risk management into decision-making in the same way it has already integrated such critical factors as time, money, and labor:

- Risk management should be integrated into operations decision-making in every job function and role.
- Risk management should be taken seriously and given an appropriate amount of effort and formality.
- Management at all levels should encourage the view that identifying risks is a positive activity that is crucial to an effective risk-management process.
- Risk management should be performed continuously to ensure that operations deals with the risks that are relevant today, not just the ones that were relevant last quarter.

The core principle in the MOF Risk Management Discipline is that of proactive risk management.

The MOF Risk Management Discipline advocates the following principles in managing risk.

Risk Is Inherent in Operations

The only environment that has no risk is one whose future has no uncertainty - where there is no question of whether or when a particular hard disk will fail, no question of whether a website's usage will spike or when or how much, and no question of whether or when illness will leave the service desk short-staffed. Such an environment does not exist. By always keeping in mind that risk is inherent, operations professionals seek ways to continuously make the right trade-off decisions between risk and opportunity and to not become too focused on minimizing risk to the exclusion of all else. IT staff need to stay agile and expect change.

Proactive Risk Management Is Most Effective

Proactive risk management is not achieved by simply reacting to problems. Operations staff should work to identify potential risks in advance and to develop strategies and plans to manage them. Plans should be developed to correct problems if they occur. Anticipating potential problems and having well-formed plans in place shortens the response time in a crisis and can limit or even reverse the damage caused by the occurrence of a problem

Treat Risk Identification As Positive

Operations staff should always regard risk identification in a positive way; doing so will ensure that people contribute as much information as possible about the risks they face. A negative perception of risk causes people to feel reluctant to communicate risks they perceive. The environment should be such that individuals identifying risks can do so without fear of retribution for honest expression of tentative or controversial views. Managers should support and encourage development of a no-blame environment to foster open communications and promote successful risk-management discussions.

Assess Risks Continuously

Many IT professionals misperceive risk management as a necessary, but boring task to be carried out at the beginning of a project, or only before the introduction of a new service. Continuing changes in operations environments require process owners to regularly look for new operational risks, reassess the status of known risks, and reevaluate or update the plans to prevent or respond to problems associated with these risks. The MOF Risk Management Discipline advocates the use of a structured process that identifies and analyzes risks. This process provides decision makers with information not only on the presence of risks, but the importance, or ranking, of those risks as well.

Integrate Risk Management into Every Role and Function

At a high level, this means that every IT role shares the responsibility for managing risk, and that every IT process is designed with risk management in mind. At a more concrete level, it means that every process owner:

- Identifies potential sources of risk.
- Assesses the probability of the risk occurring.
- Plans to minimize the probability.
- Understands the potential impact.
- Plans to minimize the impact.
- Identifies indicators that show the risk is imminent.
- Plans how to react if the risk occurs.

One of the key roles within the MOF Team Model Service Role Cluster might be a service manager. For example, the service manager with overall responsibility for the e-mail service performs all of these tasks to manage the risks that are most important for that service. Other people in that manager's extended staff may perform a subset of those tasks. Everyone will help identify new risks, but perhaps only one or two people will be responsible for estimating probability or making plans to minimize the consequence of that risk.

Shared Responsibility and Clear Accountability

Everyone in IT operations is responsible for actively participating in the risk management process. Process owners are assigned action items that specifically address risks within their service area, and each holds personal responsibility for completing and reporting on these tasks in the same way that they do for other action items related to day-to-day operations. Activities include risk identification within areas of personal expertise or responsibility and extend to include risk analysis, risk planning, and the execution of risk control tasks. Within the MOF Team Model, the Service Role Cluster holds final accountability for organizing risk management activities and ensuring that they are incorporated into the standard processes to meet service level agreements (SLAs).

Use Risk-based Scheduling

Maintaining an environment often means making changes in a sequence. Where possible, process owners should make the riskiest changes first. The greatest risks tend to be those with the highest level of unknowns. Risk-based scheduling involves making quality trade-off decisions and is important because it minimizes wastage of effort, allowing more reaction time for risk mitigation.

Learn from All Experiences

MOF assumes that focusing on continuous improvement through learning will lead to greater success. Knowledge captured from one experience will decrease the uncertainty surrounding decision mak-

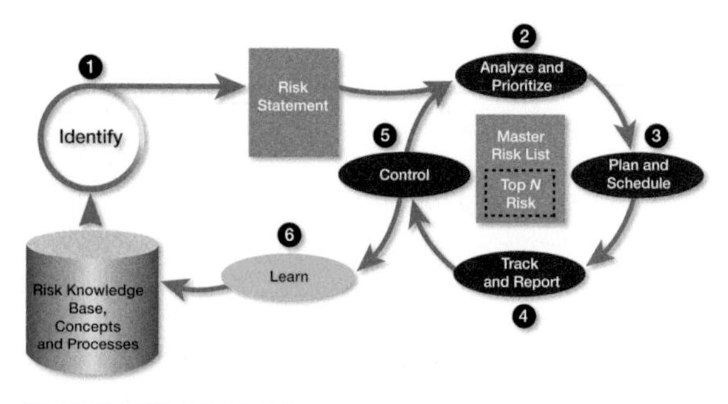

The process of managing risks

ing when it is applied by others in later situations. MOF emphasizes the importance of organizational- or enterprise-level learning from operational outcomes by incorporating a learning step into the risk management process.

Keep It Simple

Success requires a risk management process that people understand and use. This is a balancing act. If the process has too little structure, people may use it but the outputs will not be useful; if it is too prescriptive, people probably won't use it at all.

These principles are summarized by the word 'proactive.' A team that practices proactive risk management acknowledges that risk is a normal part of operations, and instead of ignoring risks, the team views them as an opportunity to safeguard the future. Team members demonstrate a proactive mindset by adopting a visible, measurable, repeatable, continuous process through which they objectively evaluate risks and opportunities, and take action that addresses risks' causes as well as symptoms.

The Risk Management Process

The six steps in the process are as follows:

1. *Identify* - Risk identification allows individuals to identify risks so that the operations staff becomes aware of potential problems. Not only should risk identification be undertaken as early as possible, but it also should be repeated frequently.
2. *Analyze and Prioritize* - Risk analysis transforms the estimates or data about specific risks that developed during risk identification into a consistent form that can be used to make decisions around prioritization. Risk prioritization enables operations to commit resources to manage the most important risks.
3. *Plan and Schedule* - Risk planning takes the information obtained from risk analysis and uses it to formulate strategies, plans,

change requests, and actions. Risk scheduling ensures that these plans are approved and then incorporated into the standard day-to-day processes and infrastructure.

4. *Track and Report* - Risk tracking monitors the status of specific risks and the progress in their respective action plans. Risk tracking also includes monitoring the probability, impact, exposure, and other measures of risk for changes that could alter priority or risk plans and ultimately the availability of the service. Risk reporting ensures that the operations staff, service manager, and other stakeholders are aware of the status of top risks and the plans to manage them.
5. *Control* - Risk control is the process of executing risk action plans and their associated status reporting. Risk control also includes initiating change control requests when changes in risk status or risk plans could impact the availability of the service or SLA.
6. *Learn* - Risk learning formalizes the lessons learned and uses tools to capture, categorize, and index that knowledge in a reusable form that can be shared with others.

The simplest view of the process is that the six steps feed information into and out of three lists of risks:

- The master risks list
- The top risks list
- The risks by services list
- The retired risks list

These lists are described below.

The Master Risks List

The master risks list identifies the condition causing each risk, the potential adverse effect (consequence), outcome (frequently called the downstream effect), and the criterion or information used for ranking, such as probability, impact, and exposure. When sorted by the ranking criterion level (high-to-low), the master risks list provides a basis for assigning priorities in the planning process.

During each step in the risk management process, the process owners gather information about operational risks and add that information to the master risks list. It is a regularly updated or 'living' document that forms the basis for the ongoing risk management process and should be kept up-to-date throughout the cycle of risk analysis, planning, and monitoring. Each step in the risk management process builds on the previous step by adding more elements of the risk or draws on the current elements to support decision making. For example, the analyzing step initially adds information about a risk's impact and probability. The process is cyclic, so future passes through the analyzing step may review and revise those impact and probability estimates.

The master risks list is the fundamental document for supporting active or proactive risk management. It enables group decision-making by providing a basis for:

- Assigning priorities
- Identifying critical actions
- Highlighting dependencies

Top Risks List

Managing risk takes time and effort away from daily operations activities, so it is important for the operations staff to balance the overhead of risk management against the expected savings. This usually means identifying a small number of major risks that are most deserving of limited time and resources.

One way to do this is to prioritize the master risks list. The risks at the top of the list, the ones that are important enough to be actively managed, make up a separate top risks list. The size of this list will vary among IT groups, and within one IT group it is likely to vary over time.

Risks by Services List

The risks by services list is a useful view that allows operations to look at each risk where the consequences of that risk affect a specific business function or service, such as e-mail, customer relationship management (CRM), or payroll. By being able to easily and quickly link risks to their impact on end-to-end services provided by the IT infrastructure, the quality of information, prioritization, and decision making is improved. Before a risks by services list can be created, it is recommended that IT operations produce a service catalog that lists all of the services currently being provided, a summary of their characteristics, and details of their users and those responsible for their ongoing maintenance.

Retired Risks List

The master risks list holds all the risks that have been identified, whether or not they are important enough to appear on the top risks list. Some of those risks never go away, such as those related to natural disasters. Others reach a point where they are no longer relevant. For example, the probability of the risk might be reduced to zero, or the source of the risk may leave the environment. Risks specific to an outdated software application are no longer relevant after that application has been completely phased out.

Whenever a risk becomes irrelevant, it is moved from the master risks list to the retired risks list. This list serves as a historical reference from which others can draw on in the future. For example, when risks related to service desk processes are tracked and recorded, and the service desk function is outsourced to another company, some of the service desk risks might be retired. If the service desk function is later brought back in-house, the operations staff can refer to the retired risks list for guidance. Also, people may consult this list as a starting point for identifying new risks. Finally, if IT operations reduces a risk's probability or impact to zero, then the notes about what was done may benefit other people facing similar risks.

Step 1: Identifying Risks in Operations

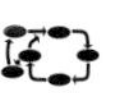

Risk identification is the first step in the proactive risk management process. It provides the opportunities, cues, and information that allow the team to raise major risks before they adversely affect operations and hence the business.

In this step, the team identifies the components of the risk statement:

- Root cause
- Condition
- Operations consequence
- Downstream effect

A *risk statement* expresses the relationship between a root cause and a consequence, given a certain condition. The two statements are linked by a term such as "therefore" or "and as a result" that implies an uncertain (less than 100 percent) but causal relationship, as illustrated in the figure at the following page.

Understanding root causes can help to identify additional, related risks. There are four main sources of risk in IT operations:

- *People* - Human errors.
- *Process* - Flawed or badly documented processes.
- *Technology* - Problems with the hardware, software, and so on.
- *Environment* - Factors that are beyond the control of the IT group.

The risk identification process results in the identification of the outcome, or downstream effect, of the risk. Understanding downstream effects (total loss or opportunity cost) can help in correctly evaluat-

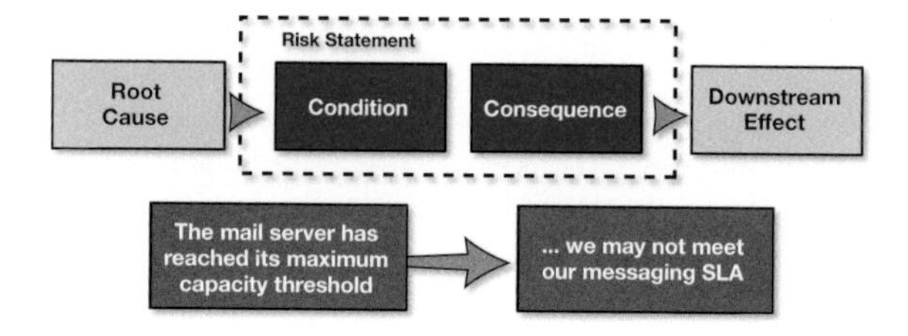

The risk statement

ing the impact that the consequence will have on an organization. There are four main ways in which operational risk consequences can affect the business:

- *Cost* - The infrastructure can work properly, but at too high a cost, causing too little return on investment.
- *Performance* - The infrastructure can fail to meet users' expectations.
- *Capability* - The infrastructure can fail to provide the platform or the components needed for end-to-end services to function properly or even function at all.
- *Security* - The infrastructure can fail the business by not providing enough protection for data and resources, or by enforcing so much security that legitimate users can't access data and resources.

Step 2: Analyzing and Prioritizing Risks

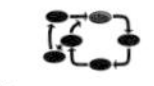

Risk analysis builds on the risk information generated in the identification step, converting it into decision-making information. In the analyzing step, the team adds three more elements to the risk's entry on the master risk list:

- *Risk probability* - The likelihood that the condition will actually occur.
- *Risk impact* - The severity of adverse effects, or the magnitude of a loss, caused by the consequences.
- *Risk exposure* - The result of multiplying the probability by the impact. The risks that have high probability and high impact are the ones most worth managing, and they're the ones that produce the highest exposure values.

Step 3: Planning and Scheduling Risk Actions

The planning step turns risk information into decision information and actions. Planning involves developing actions to address individual risks, prioritizing the actions related to each risk, and creating an integrated risk management plan.

During risk action planning, IT operations should consider these six questions when formulating risk action plans:

- *Research* - Does the operations staff know enough about this risk? Do they need to study the risk further to acquire more information and better determine the characteristics of the risk before deciding what action to take?
- *Accept* - Can they live with the consequences if the risk were actually to occur? Can they accept the risk and take no further action?
- *Avoid* - Can they avoid the risk by changing the scope?
- *Transfer* - Can they avoid the risk by transferring it to another group, organization, or individual?
- *Mitigation* - Can the operations staff do anything to reduce the probability or impact of the risk?
- *Contingency* - Can the impact be reduced through a planned reaction?

Step 4: Tracking and Reporting Risk

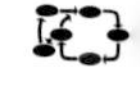

During the tracking step, the team gathers information about how risks are changing; this information supports the decisions and actions that will be made in the next step (control). This step monitors three main changes:

- Trigger values.
- The risk's condition, consequence, probability, and impact.
- The progress of a mitigation plan.

This step monitors the above changes on three main timeframes:

- Constant
- Periodic
- As-needed

Risk reporting should operate at two levels - internal and external. For IT operations (internal), regular risk status reports should consider four possible risk management situations for each risk:

- *Resolution* - A risk is resolved, completing the risk action plan.

- *Consistency* - Risk actions are consistent with the risk management plan, in which case the risk plan actions continue as planned.
- *Variance* - Some risk actions are at variance with the risk management plan, in which case corrective measures should be defined and implemented.
- *Changeability* - The situation has changed significantly with respect to one or more risks and will usually involve reanalyzing the risks or replanning an activity.

For external reporting to stakeholders, IT operations staff should show the major risks and the status of risk management actions. The purpose of a stakeholder or service status report is to communicate the overall risk to the service. If operations management reviews are regularly scheduled (monthly or at major milestones), it helps to show the previous ranking of risks as well as the number of times a risk was in the top risks list or risks by services list. As the IT operations staff takes action to manage risk, the total risk exposure for the service should begin to approach acceptable levels.

Step 5: Controlling Risk

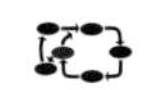

The fifth step in the MOF Risk Management Discipline is controlling risk. During this step, individuals carry out activities related to contingency plans because triggers have been reached. Corrective actions are initiated based on risk tracking information. The MOF Risk Management Discipline relies on existing standard processes and infrastructure to:

- Monitor risk action plans.
- Correct for variations from plans.
- Respond to triggering events.

Step 6: Learning from Risk

Learning from risk is the sixth and last step in the MOF Risk Management Discipline and adds a strategic, enterprise, or organizational perspective to risk management activities. Risk learning should be a continuous activity throughout the entire risk management process and may begin at any time. It focuses on three key objectives:

- Providing quality assurance on the current risk management activities so that the IT operations group can gain regular feedback.
- Capturing knowledge and best practices, especially around risk identification and successful mitigation strategies -this contributes to the risk knowledge base.
- Improving the risk management process by capturing feedback from the organization.

12. Additional Information

Information about MOF can be obtained from the Microsoft® Operations Framework on TechNet: http://www.microsoft.com/mof

Information about ITIL can be obtained from OGC's official ITIL website: http://www.itil.co.uk/

Other references:

Service Management, Strategy and Leadership in Service Business. Richard Normann, 2000, ISBN 0-471-49439-9, Wiley.

13. Abbreviations

CAB	- Change Advisory Board
CI	- Configuration Item
CMDB	- Configuration Management Database
DSL	- Definitive Software Library
ICT	- Information & Communication Technology
IT	- Information Technology
ITIL	- IT Infrastructure Library
ITSM	- IT Service Management
MOF	- Microsoft Operations Framework
MSF	- Microsoft Solutions Framework
NOS	- Network Operating System
OGC	- Office of Government Commerce
OLA	- Operational Level Agreement
OMR	- Operations Management Review
RFC	- Request for Change
SLA	- Service Level Agreement
SLM	- Service Level Management
SMF	- Service Management Function
UC	- Underpinning Contract

Du moins Madrid avait conservé ses infants ; leur retard à plier bagage semblait promettre à l'Espagne qu'elle ne serait pas abandonnée. Mais Murat, le lieutenant général du royaume, donna un ordre et les berlines à sept mules, les calèches, les calésines, emmenèrent les jeunes princes vers la frontière. Alors le peuple cria : « On nous les enlève ! Aux armes ! » comme hurle un homme ligoté qui voit partir sa jambe entre les mains du chirurgien. C'était le 1er mai. Dans la journée, Murat se montra au balcon du palais, pour être aussitôt salué par une bordée de sifflets.

Le lendemain, 2 mai (le glorieux *Dos de Mayo*), des officiers français sont injuriés par une foule énervée qui a mal dormi ; des patrouilles les dégagent. La Plaza Mayor s'emplit de civils armés ; calle d'Alcala, les lanciers polonais chargent et des Espagnols tombent. Plaza de Oriente, les fusils français tirent, leur canon crache et leurs balles creusent des allées dans la cohue des patriotes. Deux heures après, Madrid s'est organisée pour l'insurrection. Chaque maison est une forteresse ; des balcons, les meubles, les sacs de poivre, l'huile bouillante tombent sur les *franchistes.*

Le général qui commande la garde impériale, assommé par un pot de fleurs, s'effondre. A la Puerta del Sol, les femmes se jettent à la tête des chevaux, ou leur coupent les jarrets. Dans les faubourgs, les *manolas* saisissent par-derrière les mameluks rouges, les arrachent de leur selle et les saignent.
Exaspérée, l'armée française tue à l'aveuglette. Tous les habitants des maisons d'où les fenêtres ont tiré sont massacrés.
Les voltigeurs enfoncent les portes d'un couvent et les têtes des moines décapités pleuvent dans la rue.

Le 3 mai, les Français sont maîtres de Madrid. Au ministère des Postes siège leur tribunal militaire. De l'aube jusqu'au soir, les charrettes passent par les rues, pleines de patriotes silencieux, la chemise ouverte, les mains liées derrière le dos. Ils sont fusillés en groupes, en files, en tas, au Retiro, à Casa del Campo, à la Montaña del Principe Pio, au couvent de Jésus, à l'église de Buen Suceso, à la porte de Ségovie, à la Moncloa.
A la fin de la journée, le tribunal français ne juge même plus ;

Murat fait exécuter sur place tout Madrilène trouvé porteur d'une arme.

Don Luis écoutait ce récit, muet d'horreur, cousant entre eux ces lambeaux sanglants, perdant pied dans tout ce sang.

Il voyait mourir son rêve.

« Le matin du 2 mai, dit l'artilleur, la France était encore notre alliée ; mais depuis ce soir-là, pour tout Espagnol, elle est l'ennemie. »

Paul Morand
Le Flagellant de Séville

Jeannine Baticle, conservateur en chef honoraire au musée du Louvre, a consacré sa carrière au département des peintures, où elle est entrée comme assistante en 1945, après avoir fait l'école du Louvre.
Elle est aujourd'hui l'un des meilleurs spécialistes de la peinture espagnole, et a acquis au cours des années une connaissance approfondie de l'Espagne, de son histoire et de ses mœurs, qui lui permet de replacer l'œuvre des peintres dans leur milieu social et politique afin d'en mieux expliquer les motivations.
Elle a ainsi particulièrement étudié l'œuvre de Goya.
Jeannine Baticle est l'auteur de plusieurs ouvrages sur l'histoire de la peinture espagnole, et prépare actuellement la grande rétrospective Zurbaran, que l'on pourra voir à Paris en janvier 1988.

Responsable de la rédaction
Elizabeth de Farcy
Maquette
Jean-Claude Chardonnet
Iconographie Jeanne Hely
Lecture - correction
Dominique Froelich,
Michèle Alfonsi,
Marianne Bonneau

Coordination
Elizabeth de Farcy

Dépôt légal: Avril 1988
Numéro d'édition: 43361
1er dépôt légal: Octobre 1986
ISBN 2-07-053023-X
Imprimé en Italie

Composition Sophotyp, Paris ; Tygra, Paris
Photogravure Fotocrom, Udine
Impression Editoriale Libraria, Trieste
Reliure Zanardi, Padoue

GOYA
D'OR ET DE SANG

Jeannine Baticle

DÉCOUVERTES GALLIMARD
PEINTURE

Goya vient au monde le 30 mars 1746, à Fuendetodos, petite bourgade située à une cinquantaine de kilomètres au sud-ouest de Saragosse. Son père, José Goya, est alors établi dans cette ville, capitale de l'Aragon, et y exerce le métier de maître doreur, profession artisanale assez lucrative en Espagne où les retables des églises, ornés de sculptures en bois ou en métal, sont dorés depuis le soubassement jusqu'au sommet.

CHAPITRE PREMIER

FRANCISCO GOYA, L'ARAGONAIS

Au milieu d'une campagne aride, le petit village de Fuendetodos comptait à peine une centaine d'habitants. La mère de Goya le quittera bientôt pour Saragosse, la grande ville, centre d'activités commerciales et artistiques florissantes.

Et la compétence de José Goya est si grande que plus tard les chanoines de la basilique du Pilar, le grand sanctuaire de Saragosse, lui confieront le soin de vérifier la qualité de la dorure de toutes les sculptures auxquelles travaillent alors de nombreux artistes aragonais.

On peut donc imaginer Francisco Goya, enfant, courant sur les talons de son père et regardant avec des yeux admiratifs l'équipe des architectes, peintres et sculpteurs qui depuis 1750, travaillent sans relâche à remodeler, rénover, embellir la gigantesque basilique du Pilar. Il rêve sûrement de pouvoir lui aussi, un jour, escalader les immenses échafaudages, comme le fameux fresquiste espagnol Antonio González Velázquez qui, en 1753, a décoré à près de quarante mètres du sol la coupole surmontant la chapelle miraculeuse. Quel bonheur ce serait de pouvoir peindre là-haut, tout seul, à son idée ! Très jeune, Goya sait exactement ce qu'il veut faire. Seuls les moyens techniques et l'expérience lui manquent.

Au début de 1763, un autre jeune artiste de Saragosse, Francisco Bayeu, choisi parmi les bons peintres que l'Espagne compte alors, est désigné pour aider Mengs, le premier peintre de Chambre du roi ; cette haute protection permet à Bayeu d'être ausitôt reçu comme académicien de mérite, en juillet 1763, à l'académie San Fernando.

Selon la tradition, au début de notre ère, la Vierge apparut à Saragosse à saint Jacques, lui offrant un pilier (*pilar*), symbole de la construction de la première église dédiée à Marie. Dès lors, la Vierge miraculeuse du Pilar devint l'objet d'un pèlerinage important et la basilique fut reconstruite plusieurs fois autour du pilier.

Pour Goya, il n'existe qu'un seul moyen de parvenir à la gloire : suivre l'exemple de Bayeu en cherchant à obtenir une bourse d'étude de l'académie de Madrid

Le 4 décembre 1763, il s'inscrit au concours ; l'épreuve consiste à dessiner le moulage d'une statue de Silène. Goya déteste les plâtres, il le dira bien fort plus tard, et lorsque les résultats sont proclamés, le 15 janvier 1764, il n'a même pas obtenu une voix.

En 1766, nouvel échec au concours de l'académie San Fernando. Les sujets à traiter sont tirés de l'histoire ancienne de l'Espagne. Le premier relate la générosité du roi Alphonse X le Sage, au XIe siècle ; l'autre, l'action de valeureux

militaires espagnols au XVIe siècle. Or il ne s'agit ni du présent, ni de l'Aragon et ce genre de récit n'inspire pas du tout Goya. De plus, Bayeu fait partie du jury et les barbouillages fougueux du jeune candidat le rebutent sûrement, lui l'adepte des formes sages et du beau travail académique. Goya n'obtient donc aucune récompense alors que le frère cadet de Bayeu, Ramon, âgé de vingt ans, reçoit le premier prix : l'avenir prouvera pourtant que le gentil Ramon n'est qu'un peintre secondaire...

Pendant que Goya et ses camarades besognent sur les épreuves académiques, a lieu, en mars 1766, le fameux *motin* d'Esquilache. L'interdiction faite au peuple de porter la cape et le chapeau traditionnel provoque une révolte générale dans le pays. L'année suivante survient l'un des épisodes des luttes d'influence entre les différents ordres religieux : les Jésuites sont expulsés d'Espagne. L'antagonisme entre le clergé traditionnel et l'intelligentsia catholique de l'Espagne jouera un grand rôle dans l'œuvre pamphlétaire de Goya.

Jusqu'à la première moitié du XVIIIe siècle, les débutants apprenaient l'art de peindre dans l'atelier d'un maître. En 1752, avec la création de l'académie San Fernando à Madrid, l'enseignement officiel se substitue à l'enseignement privé. Ce qui ne va pas sans difficulté, car en prônant l'imitation de l'antique et l'exemple de l'art italien, la nouvelle académie cherche à imposer des valeurs esthétiques auxquelles les peintres espagnols sont par nature fort rebelles. Goya y apprendra pourtant les règles de composition et de construction des formes qui l'aideront ensuite à développer son génie.

Qu'a fait Goya entre vingt et vingt-cinq ans ? Entre juillet 1766 et avril 1771, date à laquelle on le retrouve à Rome, sa vie n'est que mystère

Est-il demeuré à Madrid dans l'ombre de Francisco Bayeu, nommé peintre de Chambre en 1767, à trente-trois ans seulement ? Au XIXe siècle, on a beaucoup romancé la vie de Goya en lui inventant une vie de bohème, une jeunesse des plus orageuses.

Ses propres confidences laissent en effet entendre que son adolescence a été quelque peu turbulente. Dans des lettres sarcastiques et désinvoltes, il rappelle plus tard à son ami d'enfance Martin Zapater qu'ils furent autrefois des «sacripants» et qu'«ils devraient s'amender dans le temps qu'il leur reste à vivre» s'ils veulent gagner le Ciel. Par ailleurs, il déclare à un autre ami fidèle, le poète et dramaturge Moratin, que «dans son temps, il avait su toréer et qu'une épée à la main, il ne craignait personne».

De fait, il se représente en torero, dans la *Novillada* et nous apparaît grand, vigoureux et bien découplé ; il contraste avec le dévot Bayeu, élégant et gourmé, le chétif Tiepolo ou le fragile Mengs, grâce à son extraordinaire vitalité, son goût prodigieux pour la vie, sa vie, ce qui lui vaut probablement la réputation de bagarreur.

En réalité, même s'il aime faire des farces, il s'intéresse passionnément à l'art contemporain ; en témoigne l'influence capitale des fresques de Giambattista Tiepolo, peintes entre 1762 et 1770 au Palais royal de Madrid, en particulier le chef-d'œuvre du maître vénitien, le plafond de la salle du Trône représentant *l'Espagne triomphante.* Seul peut-être de son époque, Goya saura tirer profit des effets solaires de Tiepolo et de sa manière d'inscrire dans l'espace des formes amples et fortes, parfaitement visibles de loin, en utilisant cependant des couleurs claires et lumineuses.

“Ce sont quatre jeunes qui se divertissent l'un à faire entrer un jeune taureau dans son enclos, l'autre en position de faire une passe avec la cape, les autres regardant.”
Goya

A une époque où les murs des palais étaient couverts de tapisseries, la réalisation des cartons, c'est-à-dire des modèles d'après lesquels elles étaient tissées, occupait tous les grands peintres. Ce carton, peint en 1780 pour l'antichambre des princes des Asturies au palais du Pardo, correspond à une période où Goya commence à prendre davantage de liberté avec les sujets qui lui sont imposés : mise en page vivante, notations personnelles, attitudes naturelles.

On retrouve donc Goya à Rome, au printemps 1771, sans qu'on sache à quel moment il a quitté l'Espagne. En effet, à cette date, il participe au concours organisé par l'académie de Parme et se dit romain et élève de Bayeu ; le prince régnant alors dans cet État d'Italie est l'infant Philippe, frère du roi Charles III d'Espagne. Cette fois il s'agit de représenter un sujet concernant l'Antiquité. Les résultats sont publiés le 27 juin 1771 et l'unique premier prix est attribué à Paolo Borroni, en raison particulièrement de la «délicate harmonie du coloris» de sa toile, alors qu'on reproche à Goya les «tons heurtés» de sa composition, tout en reconnaissant le «caractère grandiose de la figure d'Hannibal». Pendant bien des années encore la facture fougueuse de Goya choquera les amateurs de peinture académique léchée. Le jeune Aragonais obtient six voix, mais pas de prix.

En octobre 1771, le nom de Goya réapparaît à Saragosse. Il reçoit ses premières commandes

Tout auréolé probablement de son séjour romain, le jeune peintre est remarqué par le chapitre du Pilar qui le propose pour exécuter les esquisses du plafond de la chapelle du petit chœur de la Vierge, en face de la chapelle miraculeuse construite par l'architecte Ventura Rodriguez. Il s'agit de représenter *l'Adoration du nom de Dieu par les Anges.*

Début novembre, Goya présente un tableau peint à fresque afin de démontrer sa connaissance de la technique. L'ouvrage est approuvé par le chapitre et, le 11 novembre 1771, les chanoines décident de lui passer une commande ferme, d'autant plus qu'il ne demande que 15000 réaux alors qu'Antonio González Velázquez en exige 25000 pour le même travail. 15000 réaux représentent une grosse somme pour un débutant, l'équivalent du traitement annuel d'un peintre du roi.

Giambattista Tiepolo, né à Venise en 1696, mort à Madrid en 1770, est considéré comme le plus grand décorateur européen du XVIIIe siècle. C'est lui le véritable promoteur de la lumière solaire dans l'histoire de la peinture. Ses compositions offrent une ampleur et une solidité des formes, une science de la perspective aérienne qui ont fortement influencé Goya. Tiepolo avait été chargé de décorer le plafond de la salle du Trône au Palais royal de Madrid avec une allégorie de la grandeur de la monarchie espagnole (signée et datée de 1764) ; les effets de perspectives stupéfiants, la hardiesse des attitudes, la puissance plastique des formes en font l'un des chefs-d'œuvre de l'artiste. Sur la frise qui court autour du plafond apparaissent soit les paysans de chaque région de l'Espagne, soit leurs produits, soit encore les indigènes de l'Amérique espagnole, comme sur ce détail. Ce mélange d'allégorie et de réalisme a dû frapper le jeune Goya.

Le 27 janvier 1772, il présente l'esquisse du plafond, fort admirée de messieurs les chanoines qui le prient de commencer à peindre tout de suite.

Goya a vingt-cinq ans, la fortune lui sourit enfin.

Le 1er juillet 1772 on est en mesure d'ôter les échafaudages ; tout est terminé. Cette première fresque de Goya, bien que soumise à l'influence de Corrado Giaquinto (le maître italien de González Velázquez qui a tant travaillé en Espagne), prouve d'une manière évidente la force de son génie naissant et attire l'attention de la haute société aragonaise. Goya est donc appelé à décorer l'oratoire du palais de Sobradiel (une partie des peintures a été détruite). Elle lui apporte aussi la protection du chanoine Ramon Pignatelli, d'une illustre famille aragonaise, le bon géant qu'il peindra en 1791. En tout cas, Francisco Bayeu l'estime assez maintenant pour lui accorder la main de sa sœur Josefa (on sait que Francisco Bayeu a élevé ses frères et sœurs, orphelins de bonne heure). En juillet 1773, Goya épouse Josefa Bayeu, dite «Pepa», à Madrid. Elle a alors vingt-six ans, lui vingt-sept.

Par l'intermédiaire d'un autre de ses beaux-frères, Manuel Bayeu, Goya est appelé par les moines de la chartreuse d'Aula Dei, à une douzaine de kilomètres au nord-ouest de Saragosse. Il s'agit de décorer l'église de peintures relatant la vie de la Vierge. Entre 1772 et 1774, Goya exécute onze vastes compositions. Il n'en subsiste que sept aujourd'hui, fort restaurées ; toutefois elles permettent de se faire une idée assez juste de l'ensemble.

L'*Adoration du nom de Dieu par les Anges* est une fresque claire, bien composée, lisible du sol, caractéristique déjà de Goya ; formes monumentales, vues presque en ronde-bosse, limitation des personnages pour rendre l'action cohérente. On y trouve aussi l'un des procédés les plus efficaces chez Goya : les visages ronds et forts avec les lumières posées directement sur la préparation ocre rouge, sans modelé, reconstituent exactement la forme du front, du nez, du menton. Les couleurs, encore assez sombres et saturées, iront en s'éclaircissant dans les années suivantes.

La Chartreuse d'Aula Dei, fondée au XVe siècle, fut endommagée en 1809, mais les peintures de Goya ont été restaurées. Sur certaines de ces figures (à gauche), on trouve déjà la manière de poser les lumières comme une sorte de masque placé sur les ombres qui sera celle des Peintures noires.

Admiré à Saragosse, Goya veut désormais conquérir Madrid

Il profite du retour de Mengs, qui est chargé de superviser l'exécution des cartons de tapisseries destinées aux palais royaux, pour se faire connaître dans la capitale. Il semble s'y établir définitivement en 1775, date à laquelle débute la correspondance avec son ami Zapater ; grâce à ces lettres intimes, on découvre un Goya primesautier, farceur, parfois grossier, toujours intéressé ; les questions d'argent tiennent une grande place dans ces missives car Zapater, homme d'affaires averti, est de bon conseil. Goya n'aime pas faire de dettes, il emprunte et rembourse avec exactitude. Zapater lui envoie du chocolat que le peintre adore ; la Pepa choisit des robes, des châles pour ses amies de Saragosse ; il ne se passe pas de semaine sans que les courriers emportent ou apportent des caisses de vêtements, de sucreries, de vins, parfois aussi un chien de chasse car la chasse est le sport préféré de Goya, de Zapater et de leur ami commun, Juan Martin Goicoechea. Remarquable fusil, Goya raconte ses exploits de chasseur : il abat les perdrix comme des mouches et les lièvres comme des lapins de clapier. De nombreuses lettres ont trait à la qualité des escopettes et l'avis de l'armurier est souvent sollicité. Ainsi, au fil des lettres, se dessine peu à peu une personnalité exceptionnellement attachante, un homme complet avec ses passions et ses défauts, sa générosité, son enthousiasme, aimant profondément la vie, capable d'en comprendre tous les détours.

A Madrid, les peintres doivent fréquenter la Cour et la haute société : Goya s'y sentira longtemps mal à l'aise

Les premières commandes de la Cour (1775), pour les cartons de la série de tapisseries destinées à décorer la salle à manger du prince des Asturies (le futur Charles IV) au palais de l'Escorial – qui justement représentent des scènes de chasse – , offrent cette curieuse dualité entre une certaine raideur d'exécution (même au moment de sa maturité triomphante, il peindra toujours plus soigneusement les toiles officielles que privées) et une parfaite exactitude des gestes, de l'action et des accessoires. Bayeu, jaloux de son autorité, prévient la Manufacture des tapisseries que ces cartons ont été faits sous sa direction mais Goya, dans l'énoncé de sa facture, se déclare le seul auteur des cinq peintures en question.

Payé 8000 réaux pour ce travail, Goya est pour l'instant satisfait ; bientôt il s'irritera de ne pouvoir montrer son talent qu'à travers la version tissée de ses œuvres. A la fin de l'année, il envoie la facture du *Goûter champêtre,* où il indique que «la composition est de [son] invention». Ce carton est destiné à la série de tapisseries qui doivent orner la salle à manger du prince des Asturies au palais du Pardo, et sera suivi entre 1776 et 1778 de neuf autres peintures, parmi lesquelles apparaissent les premiers chefs-d'œuvre de Goya. Que ce soit *le Bal au bord du Manzanares, la Rixe à l'auberge, la Maja et les masques, le Cerf-volant* ou le merveilleux *Parasol* (directement issu de Tiepolo), pour ne citer que les principaux, chacun d'entre eux associe les quelques valeurs essentielles de l'art de peindre : sens de l'espace et de la lumière, vérité des types sociaux, de leurs attitudes et de leurs costumes, science de la composition, plasticité des formes, chaleur et beauté de la couleur, à la stylisation propre à l'artiste. En Europe, aucun autre peintre n'est capable de hausser ainsi la représentation de la vie quotidienne au niveau de la composition historique, sans rien perdre de son naturel et de sa gaieté.

«Ami, ta dernière lettre m'a tué : tu ne peux imaginer, dès que tu évoques la chasse, combien je t'envie. (...) Pour moi il n'y a pas au monde de plus grande distraction. Je n'ai pu m'absenter qu'une seule fois et pourtant personne n'a fait mieux : en 19 coups, 18 pièces : à savoir 2 lièvres, 1 lapin, 4 perdreaux, 1 vieille perdrix et 10 cailles. Le coup manqué fut pour une perdrix. Cette chance m'a particulièrement réjoui, étant parti avec deux des meilleurs fusils de l'endroit. Je me suis fait un certain renom parmi les chasseurs (qui, je dois le dire, tirent particulièrement bien puisqu'à nous trois nous avons abattu pas mal de gibier), mais pour cela il a fallu se rendre à la sierra qui est à 7 lieues de Madrid.»

Lettre à Zapater

L'immense palais-monastère de l'Escorial, construit en granit gris, est aussi un formidable musée des collections royales.

Deux événements, l'un privé, l'autre public, marquent ces années fructueuses pour Goya

Le 21 janvier 1777 lui naît un fils, à Madrid. Tout fier et heureux le peintre annonce aussitôt à Zapater que «la Pepa a mis au monde un beau garçon» qui, hélas, ne vivra pas, comme la plupart de ses frères et sœurs morts, eux aussi, en bas âge.

Cette même année, survient un événement qui va transformer le paysage politique : c'est le retour au nationalisme dans le choix du chef du gouvernement. Depuis son accession au trône d'Espagne, en 1759, Charles III a favorisé les politiciens étrangers, surtout italiens. Or fin 1776, il accepte de renvoyer le marquis Grimaldi, d'origine gênoise, et de le remplacer par un ex-magistrat, José Moniño, comte de Floridablanca, à la grande fureur de la haute aristocratie. Pour les nobles espagnols, en effet, un ministre choisi parmi les gens de robe est à peine préférable à un ministre étranger.

Or, c'est surtout parmi les juristes, de grande valeur en Espagne, que se recrutent les *ilustrados*, les intellectuels «éclairés» qui voudraient faire passer leur pays du Moyen Âge dans lequel il est souvent demeuré, à la situation d'un État des temps modernes. Leur chef de file, Pedro de Campomanes, est un remarquable économiste et juriste, ami de Floridablanca. Campomanes est fort lié avec un jeune magistrat, Gaspar Melchor de Jovellanos, alors en poste à Séville, l'une des figures de proue de la pensée libérale de son époque. Il faut retenir ce nom, il va revenir constamment à propos de Goya, comme son principal maître à penser.

Le secrétaire d'État Floridablanca réunit autour de lui une équipe de technocrates (comme on dirait aujourd'hui) et s'applique à choisir les meilleurs

Le roi Charles III (1716-1788), quatrième fils de Philippe V de Bourbon, monte sur le trône en 1759. Jouissant d'un grand prestige moral, il est considéré comme le roi de «l'Espagne éclairée».
Ce portrait du roi en tenue de chasseur date des années 1786-1788.

esprits du moment. C'est ainsi que Jovellanos est nommé *alcade de corte* à Madrid en octobre 1778. Jovellanos s'intéresse aux beaux-arts ; il est également poète, auteur dramatique à ses heures et bientôt membre des académies d'Histoire et de San Fernando (1780). Élégant, distingué, appartenant à une noble famille des Asturies, il devient l'un des hôtes les plus brillants des fameuses soirées de Campomanes à Madrid où se retrouve l'élite culturelle espagnole. Jovellanos y fait la connaissance de Goya, du graveur Pedro González Sepulveda et sympathise également avec François Cabarrus, qui sera le mauvais génie de sa carrière. A l'époque, celui-ci n'est encore qu'un jeune négociant basque, installé à Madrid, père d'une petite fille de six ans, Teresa, qui deviendra célèbre sous le nom de Mme Tallien, pendant la Révolution française.

Dans *la Rixe à l'auberge* ou *la Venta Nueva,* Goya dépeint une auberge « où sont arrivés des postillons et des muletiers de plusieurs provinces d'Espagne, qui se mettent à jouer aux cartes ; un Murciano (originaire de Murcie) est assailli par deux collègues, une bataille s'ensuit ». Il est vrai que la réputation des auberges espagnoles n'était plus à faire. De nombreux voyageurs s'en sont plaints dans leurs récits.

1783.

Goya a trente-trois ans. Fils d'un artisan et d'une paysanne illettrée, il pénètre, grâce à son talent et à son flair, dans un milieu social de qualité exceptionnelle, bien différent de celui des courtisans. On peut l'imaginer en compagnie de ces historiens, ces penseurs, ces économistes, ces littérateurs qui discutent devant lui de problèmes dont il ne soupçonnait pas la gravité ou l'intérêt et cherchent à combattre les maux traditionnels de l'Espagne.

CHAPITRE II
L'ESPAGNE DES ILUSTRADOS

Influencé par les intellectuels de son entourage, Goya illustrera les thèmes qui les préoccupent : le poids de l'Église dans l'appareil d'État, le retard des cultures et de l'industrie, la mendicité, la délinquance, la folie...

Ils vont lui apprendre à réfléchir, à mettre en forme ses idées, à ouvrir les yeux sur la complexité de la vie humaine. Ici naît le futur créateur des gravures des *Caprices.* Car déjà il s'intéresse à la gravure ; il est l'un des rares peintres de son temps à exceller dans les deux disciplines et a obtenu la permission de graver les tableaux de Velázquez, récemment réinstallés dans le Palais-Neuf, l'actuel Palais royal de Madrid terminé en 1765.

Alors que les compositions de nombreux autres peintres ont été gravées de leur vivant, il faudra attendre Goya pour que l'œuvre de Velázquez, le plus grand peintre espagnol, soit diffusée. La parution des planches d'après les tableaux de Velázquez est annoncée dans la *Gazette de Madrid* en juillet et en décembre 1778. Le peintre en envoie un jeu à Zapater en ajoutant que «cela lui a occasionné mille complications» mais que le roi les possède maintenant. Il faut imaginer le jeune peintre Goya découvrant, dans les œuvres du maître Velázquez, la «magie de l'ambiance», la manière d'obtenir par une tache et quelques empâtements l'illusion d'un visage, d'un tissu chatoyant, d'un bijou, la transparence des tons, la sobriété de la palette, des ocres, du blanc, du noir, très peu de bleus et de rouges et pourtant, grâce à l'utilisation savante des glacis, une impression générale de variations infinies de la couleur, et aussi la sensation que le modèle représenté existe, bouge, qu'on pourrait le toucher, lui parler. Goya réussit l'impossible, transposer en noir et blanc, à l'aide d'un simple burin, la suprême économie des moyens picturaux de Velázquez ; il dira plus tard : «J'ai eu trois maîtres : Rembrandt, Velázquez et la nature.» Pour l'historien d'art Ponz, Goya «montre là son intelligence et son zèle à servir la nation». En ces années 1780, le parcours initiatique de Goya passe par les salles du Palais royal où règne encore Velázquez et par le salon de Campomanes où commencent à briller Jovellanos et Cabarrus.

Velázquez a peint *les Ménines,* tableau appelé autrefois *la Famille de Philippe IV,* en 1656. On y aperçoit au centre la petite infante Marguerite âgée de cinq ans et ses dames d'honneur (les ménines), tandis que le peintre s'est représenté à gauche, devant son immense toile. Il s'agit d'une œuvre capitale où vérité et poésie, étroitement unies, recréent l'illusion de la vie, au point que le spectateur d'aujourd'hui croit encore qu'il assiste à une scène réelle et non passée. Le détail de la gravure de Goya (ci-dessous) en reflète bien l'atmosphère.

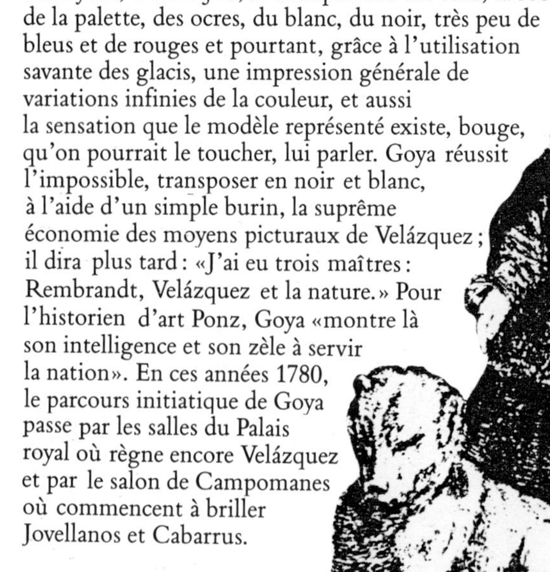

Le prince héritier Charles et son épouse, l'infante Marie-Louise, apprécient la décoration de leurs appartements du palais du Pardo où Goya insuffle une vitalité nouvelle

Il leur est bien agréable de contempler ces superbes jeunes gens, ces *majos,* ces plantureuses *majas,* ces beaux seigneurs, ces charmants enfants figurés par Goya, qui exécute encore entre 1778 et 1780, sept cartons de tapisseries pour leur chambre à coucher et treize pour leur antichambre.. La vie populaire espagnole défile enfin sous leurs yeux : *les Lavandières, le Marchand de vaisselle, le Médecin, le Jeu de pelote,* images bien plus distrayantes que les banales tapisseries d'après Téniers, d'ailleurs démodées pour eux ; le prince et la princesse préfèrent à tout l'art contemporain et, s'ils avaient vécu au XXe siècle, ils auraient peut-être nommé Picasso premier peintre de Chambre.

Cette attitude favorise les débuts de Goya à la Cour et, le 9 janvier 1779, il annonce avec joie qu'il a présenté quatre tableaux au roi, au prince des Asturies et à son épouse : «[Il] leur a baisé la main et n'a jamais ressenti un aussi grand bonheur.» Le roi lui exprime sa satisfaction et davantage encore leurs altesses. Goya explique à Zapater que cette réussite lui vaut en fait des ennemis plus puissants et plus haineux.

A quelque temps de là, il croit le moment venu de solliciter une place de peintre de Chambre mais celle-ci lui est refusée. On pense bien que Bayeu ne tient pas à ce que son jeune beau-frère occupe le même poste que lui : depuis

le départ de Mengs pour l'Italie, Bayeu est considéré comme le premier peintre de la Cour où il est protégé par le père Eleta, moine franciscain et confesseur du roi. Son art gracieux, sa facture irréprochable de bon décorateur, ses couleurs claires sont à l'opposé de la fougue et du style grandiose de Goya, ce qui explique en grande partie leurs démêlés et l'incompatibilité esthétique qui les sépare.

L*e Marchand de vaisselle* représente, selon Goya, un Valencien proposant ses faïences (le titre espagnol est *el Cacharrero*). Le peintre n'a pas cherché à faire un reportage sur le *rastro,* ce marché populaire en plein air, et la voiture qui passe au second plan semble sortir tout droit d'une pièce de Beaumarchais : le laquais, à l'arrière, est à la limite du ridicule ; en revanche, le cocher vu de dos et surtout la poétique figure de femme à travers la vitre sont peints avec un art qui n'appartient qu'à Goya.

Le palais du Pardo, résidence royale, dès le Moyen Âge, à 14 km de Madrid sur la route de La Corogne, fut reconstruit sous Charles Quint puis considérablement agrandi sous Charles III, ce qui explique les nombreuses commandes de cartons de tapisseries passées à Goya.

MADRID

Chez Goya, coexistent curieusement l'homme pratique et le créateur de génie ; il possède déjà un capital de 100 000 réaux (un jardinier gagnait au plus 350 réaux par an) et demande conseil à Zapater, l'homme d'affaires avisé, sur la meilleure façon de placer son argent.

Sécurité matérielle assurée, honneurs, Goya envisage la vie avec optimisme. Pourtant, en 1781, il va connaître, à Saragosse, la plus grande humiliation de sa carrière

Depuis un certain temps, le chapitre du Pilar réclame sa venue ; en mai 1780, des raisons d'économie ayant arrêté les travaux pour la Manufacture de tapisseries, il se trouve disponible et propose donc sa collaboration.

Par l'entremise de Bayeu, le contrat est conclu pour une somme de 60 000 réaux qui concerne la peinture d'une seule coupole.

La physionomie de Madrid a beaucoup changé au XVIIIe siècle grâce aux travaux entrepris par les Bourbons d'Espagne : percement de rues, rénovation de places, construction d'édifices civils ou religieux tels le Palais royal remplaçant l'Alcazar médiéval, les douanes, l'hôpital royal, les académies, la basilique de San Francisco el Grande ou l'église des Salesas. Le charme de cette ville de 150 000 habitants à l'époque réside dans ses places, ses ponts majestueux, comme ici le pont de Tolède.

Le 5 octobre 1780 Goya, installé à Saragosse, présente deux esquisses à la fabrique du Pilar ; elles sont acceptées, il peut donc commencer à peindre. Comme il doit jubiler de pouvoir réaliser ses rêves de jeunesse ! La base de la coupole est située à vingt-huit mètres du sol en face de la chapelle saint-Joachim ; son diamètre est de douze mètres et la surface à décorer de deux cent douze mètres carrés. Comme tous les bons fresquistes, Goya travaille avec une rapidité extraordinaire ; il exécute la totalité de la fresque en quarante et une séances, ce qui lui prendra, temps de préparation compris, environ quatre mois.

Le 14 décembre 1780 se produit l'incident. Bayeu, qui peint une autre coupole tout en surveillant l'ensemble, avertit le chanoine Allué, administrateur de la fabrique du Pilar, que son beau-frère refuse de procéder aux corrections exigées par lui. Le chanoine, à son tour, se mêle de critiquer les «parties défectueuses» de la fresque de Goya et trouve que le peintre n'est pas suffisamment reconnaissant envers son beau-frère, considéré comme le patron du chantier. Le 11 février 1781, le récalcitrant est sommé d'achever la décoration de la coupole en présentant les esquisses des trompes. En mars, les chanoines désapprouvent lesdites esquisses, qu'ils considèrent «inachevées» et «possédant les mêmes défauts» que la fresque «dans les couleurs, les attitudes et les arrangements des plis». «La *Charité* est moins décente qu'elle ne le devrait» ; «les fonds des autres esquisses sont trop sombres et pauvres». Allué propose de décider Goya à corriger les erreurs de sa fresque «qui ont provoqué la censure du public». Mauvais prétexte... En effet, personne en dehors de Bayeu et de ses collaborateurs n'est autorisé à escalader des échafaudages aussi vertigineux et en tout cas, du sol, il est impossible de juger de la qualité des plis et de la touche d'une peinture placée à pareille hauteur. Il est évident que Bayeu a soufflé sur le feu, lui qui peint une coupole comme un tableau de chevalet, de sorte que d'en bas on ne peut distinguer aucune forme dans les fresques qu'il a exécutées pour le Pilar. Goya enrage, proteste vigoureusement auprès de la Fabrique du Pilar, au nom de la liberté créatrice de l'artiste et refuse avec arrogance de se soumettre aux volontés de Bayeu qui joue dans cette affaire un rôle fort déplaisant.

Cela va si mal qu'un ami de Goya, le chartreux Felix Salcedo, intervient pour le calmer et parvient à lui faire

On appelle «séances» ou «journées» la durée du travail quotidien exécuté par les fresquistes. La peinture à fresque doit être exécutée sur une paroi humide, de sorte qu'il faut en répartir la réalisation sur un horaire calculé à l'avance, chaque séance permettant de peindre trois ou quatre mètres carrés par jour, ce qui exige des raccords parfaits. Le nombre de surfaces délimitées permet souvent de connaître le nombre de jours qu'un artiste a mis pour peindre une fresque.

entendre raison ; nouveau «martyr», Goya refait les esquisses selon les directives de son terrible beau-frère et termine la coupole. Le 29 mai 1781, le chanoine Allué donne l'ordre de lui remettre les 45 000 réaux qui lui restent dus et s'indigne de la manière peu courtoise dont le peintre, furieux, l'a traité au cours de leur entrevue. Le 30 mai, aussitôt payé, Goya regagne Madrid avec sa famille. Il en voudra mortellement à Bayeu et au clergé aragonais et ne remettra plus les pieds dans sa province natale avant longtemps. «Le souvenir de Saragosse et de la peinture me brûle vif», déclare-t-il à Zapater à quelque temps de là.

La fresque de Goya annonce les audaces de la coupole de San Antonio de la Florida peinte vingt ans plus tard. Hardiesse de la composition, science optique et maîtrise de la technique : c'est un chef-d'œuvre. Le maître avait compris la leçon de ses grands prédécesseurs à Rome, en particulier de Michel-Ange, et savait qu'on ne représente pas à trente mètres du sol un groupe de personnages comme s'il était à hauteur d'œil. Tout ce monde céleste créé par Goya, à la fois «courtois et populaire», se meut avec aisance et naturel autour de la *Vierge en gloire,* splendide visage rayonnant de bonheur où l'artiste manifeste ingénument sa foi profonde. Contrairement à l'opinion des chanoines, l'harmonie de la couleur est parfaitement réussie.

Seul peut-être de son temps, Goya parvient à se montrer l'égal de Giambattista Tiepolo mais le clergé aragonais, davantage mécène religieux qu'amateur d'art, était bien incapable de s'en rendre compte.

Dès son retour à Madrid, Goya prend une éclatante revanche

Heureusement, depuis quelques années, il peut compter sur des appuis dans la capitale. Par ailleurs, son ami Juan Martin Goicoechea, proche collaborateur, à la direction du Canal de Aragon, du tout-puissant chanoine Pignatelli, fort écouté de la Cour, le soutient également. Le 25 juillet 1781, il annonce triomphalement à Zapater que «Sa Majesté a décidé que soient exécutés les tableaux» destinés à décorer les chapelles de l'église San Francisco el Grande à Madrid et qu'il a été désigné à cette intention ainsi que «Bayeu le Grand» et Maella. La reconstruction de l'église durait depuis 1760 et son achèvement avait été confié à l'architecte Sabatini, dont dépendait Goya pour les travaux de la Cour. Le sujet est à choisir dans la vie de saint Bernardin de Sienne. Fin août 1781, Goya commence l'esquisse : elle représente *Saint Bernardin de Sienne prêchant devant le roi d'Aragon.* Peu de temps après il la soumet au comte de Floridablanca, apparemment chargé de superviser l'entreprise. Goya lui écrit pour justifier le choix de son sujet, difficile à composer en raison de l'étroitesse du format qui lui a été imposé (près de cinq mètres sur trois). Comme toujours, il est préoccupé par les problèmes d'espace. Le 11 janvier 1783 les tableaux sont mis en place à San Francisco el Grande mais c'est seulement le 8 décembre 1784 que le roi se rend enfin

Ces dernières années, des découvertes d'archives, des études radiographiques et la publication d'œuvres peu connues ont renouvelé complètement la connaissance de l'œuvre de Goya. Les photographies en couleurs des détails de la fresque du Pilar, publiées en 1983 seulement, ont permis de juger enfin de son extraordinaire qualité. Si la coupole du Pilar avait été aussi facilement visible que celle de San Antonio de la Florida, qui ne se trouve qu'à 10 m du sol, les historiens d'art auraient sans nul doute reconnu depuis longtemps que le génie de Goya se manifeste dès sa jeunesse.

à la nouvelle église où une messe solennelle est dite par le père Eleta – le «père Savate» comme l'appellent ses ennemis. Trois jours après, Goya reçoit des félicitations de toutes parts. Il faut pourtant admettre que l'œuvre est un peu décevante malgré des morceaux superbes (le peintre s'est représenté à gauche de la composition, le visage rayonnant. Il aimera tant cette effigie qu'il en tirera un autoportrait).

La protection de Jovellanos doit jouer un rôle certain dans la vie de Goya, au cours de ces années 1780. Durant cette même période, le pouvoir de Cabarrus grandit. En 1782, il est autorisé à fonder la première banque nationale espagnole, la banque de Saint-Charles. Le financier s'attache le concours de Jovellanos pour la vérification des comptes de l'Amérique centrale. Goya placera bientôt des fonds dans ce nouvel établissement bancaire, car «[il] possède quelques amis par là».

Fin janvier 1783, il est chargé de peindre le portrait du comte de Floridablanca. L'art du portrait tient en effet une place capitale dans l'œuvre de Goya, car il lui a permis d'étudier avec une passion d'entomologiste le caractère psychologique de chacun de ses modèles, et de nous laisser cette étonnante galerie sortie tout droit de la *Comédie humaine,* proche à bien des égards du système d'observation balzacien.

A travers la correspondance de Goya on peut suivre la progression du portrait de Floridablanca ; le 26 avril il a peint la tête du ministre *ad vivum,* «elle est très ressemblante». Bien saisir la ressemblance est essentiel ; pas question d'enjoliver ou d'atténuer les disgrâces physiques. Une certaine raideur dans l'attitude du personnage, un clair-obscur mal adapté à la composition, des couleurs peu assorties, prouvent l'embarras de Goya devant un portrait officiel où son goût du réalisme est battu en brèche par la nécessité de garder le décorum. Bientôt il saura parfaitement concilier les deux impératifs.

LIBRO PRIMERO
De Acuerdos de las Juntas particulares de el Banco Nacional de San Carlos.
CREADO POR SU MAGESTAD EL REY. NUESTRO SEÑOR DON CARLOS III
En Real Cedula de 2. de Junio de el Año de 1782

La banque nationale de Saint-Charles est créée en 1782 par Cabarrus sous la protection du comte de Gausa, ministre des Finances, et de Floridablanca. De grands seigneurs, tel le comte d'Altamira, beau-frère du duc d'Albe, font partie de la direction. Les actions de la banque rencontrent en Europe un grand succès dans les premières années de leur lancement.

L'essor du portraitiste

Au début de l'année suivante, il éprouve quelque déception à constater que Floridablanca l'a oublié. «Goya, nous nous verrons plus tard», s'est contenté de lui dire l'important personnage, peut-être moins satisfait de son portrait que le peintre ne le suppose.

Heureusement la capacité de rebondissement de Goya

Don José Moñino, comte de Floridablanca (Murcie 1728 - Séville 1808), avocat puis haut fonctionnaire, se fait remarquer très tôt par ses qualités de juriste. En 1772, il est ambassadeur d'Espagne à Rome. En 1777, on le nomme ministre d'État, l'équivalent d'un Premier ministre. Qualifié de «*golilla*» (homme de plume), il doit vaincre la résistance de la haute aristocratie espagnole pour imposer des réformes qui le placent au premier rang des Espagnols éclairés. Les retombées de la Révolution française sur la politique espagnole causeront sa chute en 1792. Une commande provenant d'un tel personnage est un événement important pour Goya. Il l'annonce à son ami Zapater sous le sceau du secret : seule son épouse Josefa est au courant. Il précise qu'après le déjeuner il est resté deux heures avec l'homme d'État et ajoute qu'il n'a pas sollicité cette commande dont il est si fier. C'est en passant ainsi de longs moments à portraiturer des personnalités officielles que certains artistes, comme Goya, ont gagné une situation exceptionnelle et ont même parfois été mêlés à des secrets politiques.

est sans limite ; au lieu de remâcher son amertume, il se tourne vers d'autres commanditaires, et non des moindres, puisqu'il s'agit de l'infant don Luis, frère cadet du roi Charles III qui, en 1776, à quarante-neuf ans, s'est marié morganatiquement avec une ravissante Aragonaise de dix-sept ans, Maria Teresa Vallabriga. Obligé, à cause de cette mésalliance, de vivre éloigné de la Cour, il possède plusieurs résidences ; l'une d'elles, située à Arenas de San Pedro, sur le versant sud de la sierra de Gredos, à quelque cent quatre-vingts kilomètres à l'ouest de Madrid, est un véritable paradis où l'architecte Domingo Tomas a commencé la construction d'un grand palais qui ne sera jamais achevé. Le 20 septembre 1783, Goya écrit à Zapater qu'il rentre d'Arenas de San Pedro très fatigué : «Son Altesse [lui] a fait mille honneurs, [il] a exécuté son portrait, celui de son épouse, du petit garçon et de la petite fille avec un succès inespéré, quatre autres peintres n'y sont pas parvenus.» Il est allé deux fois à la chasse en compagnie de don Luis qui tire fort bien et a passé un mois à Arenas de San Pedro. Les princes sont des anges, ils lui ont donné 1000 douros (20000 réaux) et une robe de chambre pour sa femme, toute d'or et d'argent, d'une valeur de 30000 réaux, selon le personnel de la garde-robe auprès duquel le peintre s'est renseigné.

L'architecte Ventura Rodriguez est placé devant un pilier symbolique. Il tient à la main le plan de la chapelle miraculeuse du Pilar, qu'il vient de construire.

La lettre de Goya permet donc de fixer très exactement la date d'exécution des portraits isolés peints pour don Luis et sa famille. Deux études de profil de don Luis et de son épouse portent au revers leur date d'exécution et sa durée : trois heures à chaque fois. Il est difficile de juger de la qualité des portraits définitifs de don Luis et de Maria Teresa Vallabriga car ils ne sont pas parvenus jusqu'à nous dans leur état originel. En revanche, ceux des enfants sont très séduisants, la fillette placée devant un magnifique décor montagneux, le petit garçon vêtu de bleu, d'un très joli effet.

En octobre 1784, Goya se rend à nouveau à Arenas et l'infant lui accorde 30000 réaux pour deux tableaux : très probablement le *Portrait équestre de Doña Vallabriga* et l'insolite et superbe *Famille de don Luis,* l'un des premiers grands chefs-d'œuvre du peintre. C'est à cette époque, croit-on, que don Luis le charge de peindre son architecte préféré, Ventura Rodriguez. Portrait important et de haute qualité, tout en harmonies de gris où Goya oublie, pour la première fois, le rang social de son modèle, et parvient à restituer non seulement la vérité des traits de l'architecte, mais aussi les nuances psychologiques de son caractère.

Doña Maria Teresa Vallabriga y Rozas, née en 1759 dans une famille de bonne noblesse aragonaise, épousa en 1776 don Luis de Bourbon, frère du roi. Très attachée à la dévotion de la Vierge du Pilar, elle avait offert au trésor de la basilique du Pilar un œillet de diamant – cadeau de mariage de don Luis.

Avec *la Famille de don Luis,* Goya nous fait pénétrer dans l'intimité du prince et de ses proches, lui jouant aux cartes, entouré de ses deux aînés, cependant que son épouse se fait coiffer à la lueur d'une bougie et que la petite dernière est dans les bras de sa nourrice. La composition est traitée comme un Rembrandt nocturne dont Goya aurait parfaitement assimilé la façon d'obtenir des effets de pénombre, chaude et colorée, mais brossée, en larges coulées, avec peu d'empâtements, à la manière d'un romantique.

Don Luis (de profil au centre du tableau) avait été fait cardinal à l'âge de huit ans ; en 1746 il abandonna l'habit ecclésiastique et mena une vie quelque peu débauchée. Son mariage avec Maria Teresa Vallabriga l'avait assagi et lui avait fait connaître les joies de la vie de famille. La petite fille qui est à gauche, près du peintre, est la comtesse Chinchón, que l'on mariera plus tard à Godoy. En 1800, elle sera le modèle d'un des plus beaux portraits de Goya.

Pour Goya, cette année 1784 est bien remplie, puisqu'il exécute, dans le premier semestre, les quatre tableaux pour le collège de Calatrava à Salamanque qui lui avaient été commandés à l'instigation de Jovellanos. Ces tableaux auraient été détruits pendant les guerres napoléoniennes.

La légende de la rue del Desengaño est pleine de poésie : au XVIe siècle, un jeune seigneur courtisait une dame habitant ce quartier désert ; une nuit il vit passer quatre seigneurs poursuivant une ombre voilée de blanc. Il leur emboîta le pas et quand ils rejoignirent l'ombre et lui ôtèrent son voile, ils ne découvrirent que la momie d'un cadavre et s'écrièrent : «Quel desengaño ! » (quelle désillusion !)

Sa vie privée, aussi, paraît bien favorisée au cours de cette décennie

Depuis 1779, il habite 1, rue del Desengaño avec sa famille dans un vieux quartier escarpé, au nord-est de Madrid, l'un des plus anciens et des plus charmants de la capitale, hélas en partie disparu aujourd'hui. Il vivra là jusqu'à son départ pour la France en 1824, soit pendant près de quarante-cinq ans, se contentant de changer d'immeuble en 1800, afin de loger en face, au deuxième étage d'une maison située à l'angle de la rue del Desengaño

et de la jolie rue Valverde. Dans l'atelier de la première demeure du maître, la duchesse d'Albe viendra se faire farder le visage en 1795, afin de se donner bonne mine, tandis qu'en 1812, le duc de Wellington consentira à poser pour son portrait dans la seconde maison ; le quartier, on le voit, est plein d'ombres illustres.

C'est donc au n° 1 de la rue del Desengaño que, le 2 décembre 1784, lui naît un fils, Francisco-Javier, le seul de ses enfants qui survivra. «Espérons que celui-ci pourra grandir», soupire Goya, d'autant plus que Josefa est tombée gravement malade après l'accouchement.

Goya, qui parle rarement d'événements politiques (la correspondance étant souvent ouverte par la police), annonce en janvier 1785 la mort du protecteur de Cabarrus, Muzquiz, ministre des Finances. Ce décès livre Cabarrus à son pire ennemi, Pedro de Lerena, le nouveau ministre, dur, besogneux, qui supervise les travaux de la Cour et jouera un rôle néfaste dans la carrière de Goya.

L'*Aveugle à la guitare avec son Lazarillo* (1778), représente la place de la Cebada, où se célébraient les fameuses foires de Madrid (non loin de San Francisco el Grande) ; il faut remarquer le caractère déjà très «peinture noire» de l'aveugle. C'est le seul carton de tapisserie dont Goya ait tiré lui-même une gravure, probablement l'une de ses premières et en tout cas la plus grande de toutes ses estampes. On en connaît moins d'une douzaine d'épreuves. La même année, avec les gravures d'après Velázquez, Goya explore pour la première fois toutes les possibilités de l'aquatinte, technique récemment inventée de gravure imitant le lavis.

En 1785 se produit la rencontre de Goya avec le marquis et la marquise de Peñafiel, futurs ducs d'Osuna, ses plus fidèles commanditaires pendant trente ans

La marquise de Peñafiel, comtesse de Benavente, est l'une des femmes les plus remarquables de la haute société espagnole. Fine, élégante, cultivée, bonne mère, elle protège avec bienveillance musiciens, poètes, artistes et acteurs. Goya devient bien vite son peintre préféré et il est chargé de la représenter ainsi que son époux, en 1785. Le *Portrait de la comtesse-duchesse de Benavente* imite, jusqu'à la robe même, celui de la reine Marie-Antoinette peint par Vigée-Lebrun. Goya parvient pourtant à échapper aux pièges d'une image de Cour artificielle. C'est un étourdissant exercice de coloriste ; l'harmonie générale,

On sait l'intérêt que Goya a porté à l'art de la tauromachie, ainsi que le prouvent plusieurs peintures, dont la *Course de taureaux dans un village*, et la fameuse série de gravures parues en 1816. Il a représenté les deux plus célèbres toreros de son temps : Costillares et Pedro Romero (à droite). Torero insigne, fort beau garçon, il était à la fois une idole des quartiers populaires et l'un des protégés des ducs d'Osuna.

bleue, verte, grise et rose, est une parfaite réussite. Goya, d'emblée, devient ici le meilleur portraitiste de son temps. Désormais, il sera capable de peindre les rois et les toreros avec une égale vérité. Bien entendu, il accompagne à la chasse le marquis de Peñafiel et tout naturellement, «[il] a été remarquable et remarqué» par le nombre de pièces tuées, dit-il à Zapater.

L'heure est venue de solliciter des faveurs officielles. Le 2 février 1785, il pose sa candidature pour le poste de directeur adjoint de la peinture à l'académie San Fernando, qu'il obtient le 4 mai. Il promet à Zapater de lui rendre visite en août, quand il aura achevé un portrait qu'il peint pour Lerena ; il change d'avis et va chasser quinze jours à Chinchón, jolie bourgade située aux environs de Madrid, où son frère Camilo est chapelain ; il semble que leur mère,

« L'on a dit et répété de toutes parts que le goût des courses de taureaux se perdait en Espagne, et que la civilisation les ferait bientôt disparaître ; si la civilisation fait cela, ce sera tant pis pour elle, car une course de taureaux est un des plus beaux spectacles que l'homme puisse imaginer ; mais ce jour-là n'est pas encore arrivé, et les écrivains sensibles qui disent le contraire n'ont qu'à se transporter un lundi, entre quatre et cinq heures, à la porte d'Alcala, pour se convaincre que le goût de ce féroce divertissement n'est pas encore près de se perdre. »

Théophile Gautier, *Voyage en Espagne*

Gracia Lucientes, dont Goya s'occupait beaucoup, soit morte en 1785 ; son père s'était éteint en 1781.

Au cours de ces années de la quarantaine Goya acquiert une totale liberté d'expression

C'est le résultat d'un travail acharné, d'une volonté de vaincre ses propres défauts. Seule ombre dans cette période idyllique : la mort de l'infant don Luis en 1785. Goya sait maintenant, grâce à ce prince, que la tolérance et la bonté peuvent être aussi l'apanage des grands.

En dépit de la disparition d'un mécène aussi important, Goya est lancé et l'année 1786 n'est pas moins fructueuse. Il se trouve dans la plénitude de ses moyens ; il ne fera pas mieux ensuite, il fera autrement, car l'aspect le plus original de sa personnalité tient à sa faculté prodigieuse d'adapter son style aux circonstances, aux hommes, aux choses, donnant à chaque fois l'impression d'innover. Son art reflète alors le charme des dernières années de la «douceur de vivre», comme plus tard il stigmatisera sans appel les horreurs de la guerre.

Le succès amène l'argent : les revenus augmentent, jamais assez pourtant au gré de Goya

Il déclare qu'avec les gains de la banque et de l'académie il ne possède pas plus de 12000 à 13000 réaux par an. Heureusement, il va pouvoir disposer d'un traitement fixe de 15000 réaux annuels puisque le 25 juin 1786, il est nommé peintre du roi. Il acquiert aussitôt, pour 7000 réaux, un *birlocho,* une petite calèche anglaise à deux roues «toute dorée et vernie qu'on s'arrête pour regarder». Dès la première sortie, le cheval et le *birlocho* culbutent dans le fossé. Par miracle Goya s'en sort avec une légère blessure à la cheville.

Sa nomination de peintre du roi (que Bayeu se vante d'avoir obtenue pour lui) est peut-être la cause d'une réconciliation entre les deux beaux-frères. En tout cas, en

Le *Maçon blessé* illustre les lois sociales que le roi Charles III fait promulguer pour protéger les travailleurs. En commandant à Goya ce tableau, il veut rappeler, dans son palais, l'intérêt qu'il porte à l'amélioration de la situation économique de son peuple. Le peintre, sensible aux malheurs de l'humanité souffrante, ajoute ici une note dramatique qui rend l'image saisissante.

1786 Goya représente Bayeu dans un magnifique portrait d'une liberté d'exécution incroyable, aux tons brun-rouge amortis et somptueux.

Sa principale tâche à la Cour consiste à peindre encore des cartons de tapisserie et, l'été 1786, il reçoit la commande d'une nouvelle série pour la salle à manger royale du palais du Pardo. Le 12 septembre, il dit à Zapater qu'il travaille aux esquisses. Elles sont présentées à l'automne suivant à l'Escorial, au roi et aux princes qui expriment leur satisfaction. De fait, ces esquisses sont de pures merveilles : *les Fleuristes, l'Été, l'Hiver,* complétées ensuite par *le Maçon blessé* et les *Pauvres à la fontaine,* sujets conventionnels que renouvelle totalement la vision fraîche et spontanée de l'artiste. Les cartons nés de ces esquisses font partie aujourd'hui des œuvres les plus célèbres de Goya : il parvient à doser avec un équilibre parfait la réalité des *Vendanges,* celle des moissons dans la lumière dorée de *l'Été,* ou de *l'Hiver* gelé, avec la stylisation propre à l'art décoratif. Il emploie des couleurs de base plus nombreuses que d'habitude, claires et transparentes et cependant parfaitement efficaces pour mieux rendre la sensation de volume. De Velázquez, il a appris à observer les variations de la couleur dans la lumière afin d'obtenir le maximum de relief, sans opposition violente d'ombre et de clarté.

On a l'impression qu'il pense constamment à la peinture : même quand il est à l'affût à la chasse, son œil et son cerveau doivent enregistrer automatiquement le jeu des formes et des couleurs d'une scène campagnarde qu'il restitue ensuite de mémoire sur la toile.

L'activité intense se poursuit durant l'hiver 1786-1787

Il exécute des portraits pour la banque de Saint-Charles : ceux du *Comte d'Altamira,* étonnante marionnette contrefaite, et du *Roi Charles III,*– d'une laideur légendaire mais qui devait intimider Goya car l'attitude manque

Dans *les Pauvres à la fontaine,* il s'agit également de la misère dont le roi d'Espagne, comme ses prédécesseurs du XVIIe siècle, veut rappeler la permanence sur les murs de ses salons. Là encore Goya sait rendre tangible le froid qui rend plus cruelle la situation des pauvres gens dépourvus des moyens d'existence élémentaires.

Les cartons de tapisserie : un certain reflet du quotidien

Au contraire des rois du siècle précédent, les princes de Bourbon n'aiment ni la représentation de la misère, ni le rappel de la mort. Réformateurs, ils pensent qu'en montrant une vision optimiste de la vie populaire, dans ses moments les plus heureux, on encouragera l'amélioration du niveau de vie. C'est pourquoi il ne faut pas considérer les cartons de tapisserie de Goya comme un témoignage social authentique de son époque, mais au contraire inverser la proposition et y voir une volonté de propagande à laquelle le génie naissant de Goya insuffle une vitalité étonnante. En dépit de la nature artificielle de la commande, il parvient à lui donner une apparence de vérité : les personnages, au lieu d'être des figures de convention, ont une réalité de chair et d'os.

Dans la série des cartons intitulée *les Quatres Saisons, l'Automne, ou les Vendanges,* (ci-contre), est le plus célèbre. Avec un art infini, Goya a su associer le groupe très élégant du premier plan, à la vérité des vendanges au second plan sur fond de montagnes.
Dans *le Printemps, ou les Fleuristes,* (à gauche) les jeunes femmes aux attitudes gracieuses sont accompagnées d'un personnage drolatique qui joue avec un lapin.

Les cartons de tapisserie : le réalisme des travaux de la terre

Dans l'*Été, ou la Moisson,* immense composition de 3 mètres de haut sur 6,40 mètres de large, le naturalisme a repris ses droits et Goya représente un groupe de moissonneurs faisant la sieste, avec un goût de la vérité campagnarde semblable à celui de Courbet, soixante ans plus tard. Là encore, ce n'est plus la version théâtralisée de la nature, mais la nature elle-même présentée dans sa réalité quotidienne, d'une saisissante vérité, et traitée en même temps avec une intense poésie, une facture magistrale d'une liberté de touche incroyable.

Les cartons de tapisserie : une autre image de la nature

En peignant *l'Hiver* ou *la Tempête de neige,* Goya se souvient certainement de son origine terrienne et des rigoureux hivers d'Aragon. On a l'impression que le froid y est plus intense, plus pénétrant qu'ailleurs, et qu'on circule dans un univers gris-vert, glauque. Face à cette rude réalité, Goya porte sur les êtres et les choses un regard compréhensif.

d'aisance – , sont effrayants de vérité. Il achève la série au cours de l'année, avec le portrait de *Cabarrus* sans décor, de composition moderne ; le directeur fondateur de la banque est vêtu de soie vert amande et sa décontraction proverbiale semble avoir désorienté Goya, qui n'aime pas représenter les formes en mouvement.

Le 22 avril 1787, Goya se rend à l'Alameda d'Osuna pour y livrer sept toiles destinées à décorer un salon du petit palais. Les sujets sont moitié d'inspiration rococo, moitié contemporains ; *la Chute de l'âne* ou *l'Escarpolette* figurent dans tous les boudoirs d'Europe ; en revanche le jeu paysan du *Mât de cocagne,* la brutale et sanglante *Attaque de la diligence,* la *Procession religieuse* ou *Le Choix des taureaux* (disparu) sont davantage d'inspiration populaire. Tout cela traité dans un coloris de contes de fées avec cette prestesse de pinceau, cette sensation d'espace et de lumière qui désormais font partie de l'univers de Goya et qu'il manie sans effort, comme on respire.

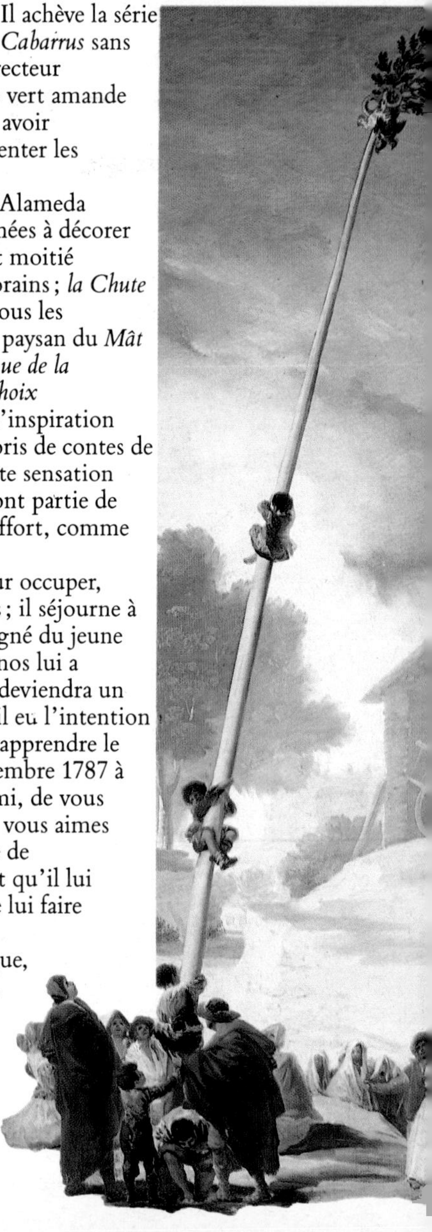

Cabarrus est appelé en France pour occuper, dit-on, un haut poste dans les Finances ; il séjourne à Paris de fin avril à août 1787, accompagné du jeune poète Leandro de Moratin, que Jovellanos lui a recommandé comme secrétaire, et qui deviendra un ami intime de Goya. Le peintre aurait-il eu l'intention de les suivre ? En tout cas, il s'exerce à apprendre le français ainsi qu'il l'annonce le 14 novembre 1787 à Zapater : «Je vais hazerder mon cher ami, de vous écrire en français parce que je sçais que vous aimes cette langue. Je me suis mis dans l'idée de l'apprendre.» Goya avoue honnêtement qu'il lui envoie ses premiers essais et propose de lui faire parvenir son dictionnaire. Auparavant, début juin 1787, il a prévenu Zapater que, pour la fête de sainte Anne (26 juillet), trois tableaux avec des figures grandeur nature, qui lui ont été commandés sur l'ordre du roi, doivent être placés pour orner des retables du couvent Sainte-Anne de Valladolid. Ces peintures représenteront la *Mort de saint Joseph, saint Bernard* et *sainte Lutgarde.* «Pour l'instant [il] n'a rien commencé!» (il lui reste cinq semaines), mais il est très content. D'ailleurs «les mules vont bien, la berline aussi qu'il vient d'essayer». Il a dû peindre ces toiles très rapidement, peut-être même avec l'aide d'un assistant, n'osant pas cependant, pour une commande royale, travailler en ébauche où il est beaucoup plus à l'aise. Curieusement, ces compositions offrent un caractère néo-classique, rare dans l'œuvre du maître. Il réussit bien mieux, l'année suivante, avec les deux admirables peintures commandées par les ducs d'Osuna en l'honneur de leur aïeul François Borgia, et destinées à orner la chapelle votive de ce dernier, dans la cathédrale de Valence. Elles lui seront payées 30000 réaux, en règlements échelonnés sur deux ans. Si au couvent Sainte-Anne il s'était montré quelque peu académique, ici il adopte résolument le style «troubadour» pour les *Adieux de saint François Borgia à sa famille,* presque vénitien de touche et de coloris, et le genre futuriste dans le *Saint François ressuscitant un moribond* où apparaît, pour la première fois dans son œuvre, le diable, précurseur des *Caprices* et des peintures noires. Le clair-obscur superbe fait penser à Rembrandt, dont le peintre se réclame.

Goya évolue vers la gravité et, bien qu'il faille se méfier de la sincérité de certaines confidences quand il écrit à Zapater qu'«il est devenu vieux avec beaucoup de rides» et que son ami «ne le reconnaîtrait pas sinon par le nez camus et les yeux enfoncés», il y a sûrement un fond de vérité dans cette confession.

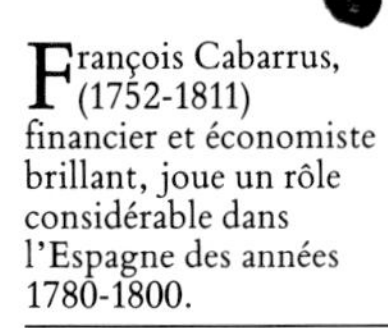

François Cabarrus, (1752-1811) financier et économiste brillant, joue un rôle considérable dans l'Espagne des années 1780-1800.

Goya se déclare tout aussi surchargé de travail au cours de l'année 1788

Il a reçu, écrit-il le 31 mai 1788, une commande pour la chambre à coucher des infantes au palais du Pardo et y travaille avec soin «car c'est une chose que le roi doit voir»... «Les sujets sont très difficiles et [lui] donnent tant de peine, surtout la Pradera de San Isidro le jour de la fête du saint avec toute l'agitation qui est de coutume en ces lieux» : on sait aujourd'hui que la merveilleuse vue de Madrid intitulée *Prairie de Saint-Isidore* a été peinte en 1788, dix ans plus tôt qu'on ne le supposait, preuve qu'il est toujours dangereux de fixer la date d'une œuvre de Goya, à la seule vue de son style. Cet admirable panorama, qui annonce Corot à bien des égards, évoque d'une manière

Le Mât de cocagne représente, dit Goya, «un arbre de mai sur la place du village, avec des garçons qui y grimpent pour gagner la récompense consistant en poulets et en gâteaux en forme de couronne (gimblettes) suspendus au sommet du mât. Des gens les regardent.» Goya introduit dans cette composition des notations personnelles, la vue de la jolie demeure sous les arbres et les attitudes naturelles des paysans.

saisissante le coucher de soleil rose sur le Madrid du mois de mai, un spectacle que l'on retrouve aujourd'hui, avec le décor du fond et la même lumière miroitante. Parmi les autres commandes flatteuses, le portrait de la *Comtesse d'Altamira* (belle-sœur de la duchesse d'Albe) et sa fille, étonnant bijou bleu et rose qui fait ici penser à Renoir, ainsi que les portraits de ses fils, le *Comte de Trastamare* et le célèbre petit enfant en rouge, *Manuel Osorio*, âgé de trois ou quatre ans.
Goya a conquis cette fois la pleine maîtrise du portrait d'enfant : charme, grâce, candeur ; on sent que le peintre, lui-même père d'un petit garçon qu'il adore, a observé à travers son propre fils les attitudes naturelles de l'enfance et sait maintenant en distinguer le caractère drôle ou attendrissant chez les autres bambins. Dans ce genre de portraits intimes, il est libre de supprimer le décor, à la manière de Velázquez. Ainsi est conçu le *Portrait de la famille des ducs d'Osuna* avec une audace de composition qui, tout en préservant la vérité des modèles, leur évite toute mièvrerie.

Charles III meurt en décembre 1788, le prince des Asturies monte sur le trône : vive Charles IV et Marie-Louise. A dire vrai, ceux-ci n'éprouvent pas beaucoup de chagrin car ils n'ont cessé de «cabaler» contre le vieux monarque qui ne se privait pas de les tenir en bride. En dépit du deuil sévère de la Cour, «pas tant de crêpes noirs», supplie ironiquement Goya, la reine Marie-Louise respire. Et commence à placer ses favoris, en premier lieu le jeune garde du corps Manuel Godoy, son amant, qui obtient un avancement accéléré. Goya est nommé peintre de Chambre le 30 avril 1789, grâce à la protection de Charles IV mais aussi de Jovellanos, puisque la nomination est signée par le cousin de celui-ci, le marquis de Valdecarzana. Goya prête serment devant lui et le greffier, avec «beaucoup d'autorité», dit-il.

La fête de San Isidro à Madrid a lieu le 15 mai. Le tableau de Goya, *la Prairie de Saint-Isidore,* montre cette réunion populaire sur la rive droite du Manzanares en face du Palais royal et de San Francisco el Grande, devant l'ermitage dédié au saint. C'est dans ce quartier que Goya achètera trente ans plus tard, la «maison du sourd».

Le Portrait de la famille des ducs d'Osuna a été peint en 1788, ce qu'il convient de noter car bien des auteurs se sont trompés à ce sujet. La duchesse avait perdu ses premiers-nés, morts en bas âge. C'est pourquoi, ici, les enfants sont encore presque des bébés, bien qu'elle ait alors trente-six ans. L'aînée, Manuela, a cinq ans, la deuxième, Joaquina, future marquise de Santa Cruz dont Goya fera plus tard le portrait, trois ans ; le fils aîné Francisco de Borja a deux ans, et Pedro Alcantara un an. Merveilleux portrait aux harmonies grises raffinées, dont Goya a particulièrement soigné la facture.

1

2

3

Le regard de Goya (1) sur les enfants est différent de celui des peintres de Cour traditionnels : c'est un regard familier. Plutôt que l'héritier de la maison royale ou ducale, il voit l'enfant avec sa pétulance, son goût pour les jouets, son naturel, rappel sans doute de la tendresse qu'il éprouve pour son propre fils.

« J'ai un fils de quatre ans, qui est si beau qu'on le regarde dans la rue à Madrid. Il a été si malade que je n'ai pas vécu pendant tout le temps de sa maladie. Grâce à Dieu il va déjà mieux. »

Lettre à Zapater

Le petit garçon en rouge (4), don Manuel Osorio Manrique de Zuniga, s'amuse avec une pie qu'un chat semble guetter du coin de l'œil. Les chats sont pour Goya des animaux maléfiques qu'il représentera sous un aspect terrifiant dans les *Caprices*.
Le fils du duc d'Osuna (3) (détail du tableau de la page précédente), don Pedro de Alcantara, deviendra peintre, membre de l'académie San Fernando et directeur du Prado. Francisco de Paula (2), l'un des infants d'Espagne, est le fils préféré de Marie-Louise ; cette esquisse était destinée à la composition du grand tableau de *la Famille de Charles IV*.

En cette année 1789, l'histoire va entrer dans la vie de Goya. Le 5 mai s'ouvrent les États généraux, qui vont révéler tous les maux de la vieille Europe. Les premières escarmouches de la Révolution française, encore ignorées du peuple espagnol, inquiètent le ministère et la Cour de Madrid, eux parfaitement informés. Bientôt, de Paris, Louis XVI, complètement dépassé, lance un appel secret et désespéré à son cousin germain Charles IV ; il a songé à se réfugier en Espagne après le 14 juillet 1789.

CHAPITRE III
LES ALÉAS DE LA FORTUNE

Dans *le Pantin*, sous prétexte de représenter le jeu populaire du *pelele*, Goya glisse une allusion passablement ironique aux bouleversements politiques du temps, avec la brusque valse des premiers ministres en 1792.

Goya, à mille lieues de tout cela, fort guilleret de sa récente promotion, peint plusieurs séries de portraits de Charles IV et de Marie-Louise (la plupart assez décevants). La Cour, perturbée par le changement de règne et les bouleversements français, ne pense guère à poursuivre la décoration des palais royaux, et la production des cartons de tapisseries est interrompue, ce qui arrange bien Goya. Il reçoit moins de commandes de la part des grands seigneurs probablement inquiets pour leurs revenus, et achève seulement une peinture destinée au retable de l'église de Valdemoro.

Martin Zapater y Claveria, le contemporain et l'ami de Goya, est un riche négociant célibataire. De 1775 à 1801, Goya lui écrit régulièrement. Ces lettres, essentielles pour bien comprendre la personnalité du peintre, ont malheureusement été en partie censurées par l'héritier de Zapater, son neveu, qui les jugeait trop «libertines» au point de vue politique.

Pendant ce temps, les proches de Goya connaissent d'importantes promotions. En août 1789, Zapater, qui a contribué à sauver Saragosse de la disette, est fait noble d'Aragon ; le 26 décembre 1789, Cabarrus soutenu par Floridablanca mais haï par le vieux ministre des Finances Lerena, reçoit le titre de comte. Mais, chose dangereuse, Marie-Louise déteste Cabarrus et Jovellanos (comme elle déteste aussi Floridablanca). Or, on va bientôt s'en apercevoir, le véritable roi, c'est elle !

Le pouvoir est souvent éphémère. Après la gloire, les revers de fortune

Coup de tonnerre parmi les Espagnols éclairés : sans qu'on en sache la raison, François Cabarrus est arrêté le 25 juin 1790 et mis au secret, sur l'ordre de Lerena. Jovellanos, qui a été au début de l'année prié d'«aller voir comment on extrayait le charbon aux Asturies» (c'est-à-dire éloigné par force), se précipite à Madrid pour défendre son ami. Peine perdue, toutes les portes se ferment et Jovellanos, désespéré, est obligé de repartir à Gijon pour un exil pur et simple, qui durera sept ans. Goya lui-même reçoit subitement une licence, le 17 juillet 1790, afin d'«aller respirer les airs maritimes» à Valence.

L'éloignement ne durera pas trop. En octobre, on retrouve Goya à Saragosse, où il exécute le portrait de Zapater. De retour à Madrid, au moment des fêtes de Noël 1790, il découvre que les temps ont changé ; il vient d'être

malade et va voir le roi avec anxiété car des «hommes vils» ont assuré à Charles IV que le peintre ne «voulait pas le servir». «Assez sur ce sujet, écrit-il à Zapater, cela me révulse le nombril.»

On sait aujourd'hui que le peintre de Chambre, Maella, avait dénoncé en haut lieu la mauvaise volonté de Goya, qui jugeait indigne de continuer à exécuter des cartons de tapisserie. Le directeur de la Manufacture a écrit directement au roi pour se plaindre. Lerena s'en mêle, et le peintre reçoit un ordre impératif. L'affaire est grave, Goya a perdu une partie de ses protecteurs. Bayeu intervient et Goya doit s'incliner, non plus la rage au cœur, mais la peur au ventre. Le 6 mai 1791, il termine l'esquisse de *la Noce,* le plus grand carton, dont la tapisserie est destinée au bureau du roi à l'Escorial : superbe composition illustrant le mariage d'un vieux grotesque et d'une jeune beauté. Le roi voulait des sujets

Le sujet de *la Noce* peut être interprété en fonction du contexte social et politique de la période, mais le propos de Goya est probablement plus simple : il a reçu l'ordre de traiter les trois âges de la vie, à gauche les enfants, au centre les mariés et à droite le vieillard. En réalité, il se moque des noces où une jeune fille épouse fièrement un homme qui pourrait être son grand-père, parce qu'il est riche ou titré.

Le nouveau Palais royal de Madrid, bâti d'après les plans de l'Italien Sacchetti, est inspiré du baroque piémontais. Sa décoration intérieure est en partie l'œuvre de Corrado Giaquinto, Mengs et Tiepolo.

drôles, il sera comblé, car un autre très beau carton, le *Pantin,* est aussi chargé de sous-entendus ! Cette même année, Goya passe sans effort de la satire burlesque au charme de l'enfance avec l'adorable portrait du petit *Luis Cistué,* blond, rose et bleu.

En octobre 1791, Goya est retourné à Saragosse où il réalise probablement le portrait du chanoine Ramon Pignatelli, œuvre connue seulement par une copie. En décembre 1791, il présente le mémoire des sept et derniers cartons de tapisserie qu'il peindra de sa vie. En février 1792, il écrit une lettre cocasse à Zapater, se qualifiant de «géant Goya», et un peu plus tard parle de sa généalogie établie en vue d'un probable projet d'anoblissement ; il insiste sur la nécessité de conserver une certaine dignité et de ne plus s'amuser à écouter des «séguedilles» (chansons populaires) comme auparavant. Il n'est pas impossible qu'il ait songé un moment à solliciter un poste honorifique à la Cour, à l'exemple de Velázquez, pour essayer d'échapper à la condition de travailleur manuel du peintre.

Pendant ce temps , la Cour subit le contrecoup des événements de la France révolutionnaire

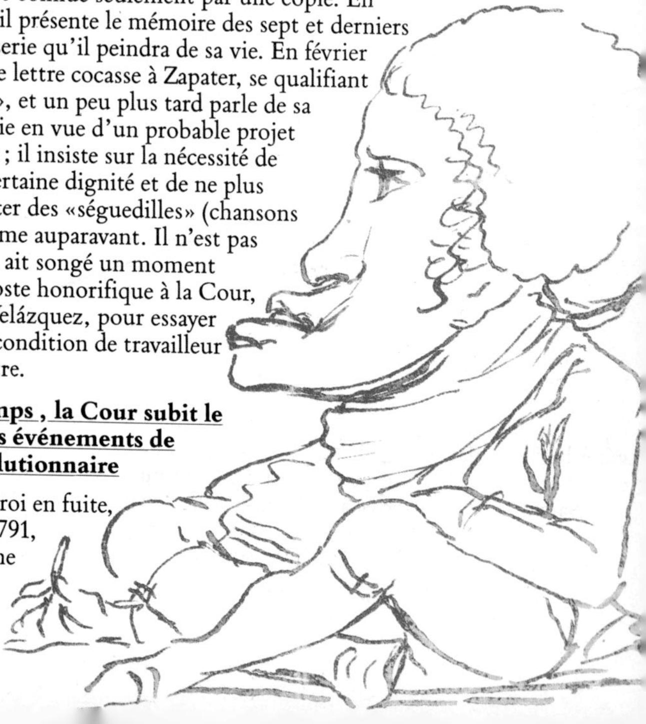

L'arrestation du roi en fuite, à Varennes, en 1791, a rendu l'Espagne hostile à toute forme de libéralisme. Lerena meurt au tout début de 1792. Beaucoup de choses vont changer. En février 1792, Floridablanca, que les uns jugent incapable et les autres gênant, est renvoyé et remplacé par le vieux comte d'Aranda qui lui-même sera brusquement écarté en novembre 1792 au profit du blond et robuste Manuel Godoy, favori de la reine âgé de vingt-cinq ans, duc d'Alcudia et quasiment chef des armées espagnoles. En août 1792, le roi de France ayant été détrôné et emprisonné au Temple, l'Espagne craint que la guerre déjà déclarée par la République française à l'Empire germanique ne gagne la péninsule ibérique. Les événements se précipitent. En janvier 1793, l'exécution de Louis XVI change totalement les rapports de force en Europe.

On ne possède que de maigres informations sur la vie de Goya pendant l'année 1792. Comment, en deux ans, a-t-il pu passer de la condition de peintre admiré et respecté à celle de quasi-proscrit, où il semble être tombé dans l'hiver 1792-1793... ? Il est vrai que les remous politiques qui agitent la Cour, conséquence des événements de France, et la destitution de plusieurs de ses protecteurs contribuent à perturber sa vie professionnelle.

Durant cette année cruciale, pas de lettres à Zapater ou presque, pas de commandes royales ni privées. Les seuls documents qui nous soient parvenus sont un mémoire daté de juin, pour l'exécution des derniers cartons de tapisserie, des factures, les résultats des recherches pour sa généalogie en mai et en juillet, et la réponse à une demande de recommandation au début de l'automne.

Sa présence est attestée à l'académie San Fernando, le 2 septembre et, surtout, nous connaissons l'important rapport sur l'enseignement de l'art qu'il remet à cette même académie le 14 octobre 1792. Ensuite, c'est le silence total.

La reine Marie-Louise, dévorée de la passion de l'intrigue, est l'épouse d'un roi brave homme, peu enclin à gouverner. Elle cherche à s'assurer du pouvoir à travers la personne de son favori Godoy. Elle a fait sa fortune, il lui sert aveuglément de porte-parole officiel, lui permettant ainsi de régner sans partage. Un diplomate français dira d'elle plus tard : «A cinquante ans, la reine a des prétentions et une coquetterie qu'on pardonnerait à peine à une femme jeune et jolie».

L'Inquisition joua un rôle considérable en Espagne, lors de la Reconquête sur les musulmans et de l'éviction des juifs, mais elle avait perdu son pouvoir au XVIIIe siècle, car on lui reprochait de confondre hérésie et humanisme. Elle renaît pourtant à la fin du siècle et dans ce tableau, *Scène d'Inquisition,* Goya s'insurge contre la résurrection soudaine de ce passé que tout le monde espérait révolu.

Aux difficultés professionnelles vient s'ajouter un événement plus grave encore. Goya, malade, devient sourd

Le 17 janvier 1793 Goya, dans une lettre, se dit alité depuis deux mois (il serait donc tombé malade courant novembre) et affirme qu'il a reçu ensuite l'autorisation de se rendre à Séville et Cadix. Ici le mystère s'épaissit car cette lettre, adressée au trésorier des ducs d'Osuna, est datée de Madrid alors que la présence du peintre à Cadix, au moins dès le 5 janvier 1793, est confirmée par une lettre de Zapater à Sebastien Martinez, le riche négociant et collectionneur gaditan qui a recueilli Goya. Martinez déclare que ce dernier est arrivé chez lui, venant de Séville, gravement malade. De plus, le grand chambellan de la Cour, duc de Frias, lui accorde en janvier un congé de

Cet admirable auto-portrait au lavis d'encre de Chine est généralement daté des années 1795-1797. Goya s'y représente, songeur, presque en proie au cauchemar.

deux mois «à passer en Andalousie» sans préciser les dates. Il est atteint de paralysie, disent ses amis consternés, dans des lettres pleines de sous-entendus. Zapater, qui fait allusion au «peu de réflexion» de Goya, se réfère sûrement à une décision imprudente ou fatale et non au fait d'avoir contracté une maladie vénérienne, chose qui était pourtant alors fréquente.

Pourquoi Goya séjourne-t-il en Andalousie sans congé officiel préalable ? A-t-il été mêlé à la tentative de sauvetage manquée de Louis XVI qui aurait été confiée secrètement à Cabarrus ? Des indices amènent à le penser, sans qu'on puisse l'affirmer. En effet, les Bourbons d'Espagne mettent tout en œuvre pour essayer d'empêcher la condamnation à mort de leur cousin. Le petit-fils de Goya racontera plus tard une histoire de fuite rocambolesque à travers la Sierra Morena, récit dans lequel il y a peut-être

«Je suis toujours le même ; en ce qui concerne ma santé, parfois je me sens enragé, d'une humeur que je ne supporte pas moi-même, parfois je me sens plus calme, comme en ce moment où je t'écris. Mais déjà je me sens fatigué ; tout ce que je peux te dire c'est que lundi, si Dieu le veut, j'irai aux taureaux, et que j'aurais aimé que tu m'accompagnes...»

Lettre à Zapater

un fond de vérité. Rappelons en passant que les pouvoirs de l'Inquisition avaient été renforcés, pour combattre les progrès de la Révolution française, et qu'un climat de suspicion et de crainte régnait alors à Madrid.

Bien soigné, Goya recouvre l'usage de ses membres, il souffre encore de violents bourdonnements dans la tête mais les vertiges ont cessé. Conséquence dramatique de la maladie (une sorte de méningite cérébrale, semble-t-il), il est devenu irrémédiablement sourd. Comment le joyeux drille, le chasseur impénitent va-t-il pouvoir supporter cette terrible épreuve ? Tout simplement en continuant à travailler, car il a regagné Madrid au cours de l'été 1793.

Maria Rosario del Fernandez, dite *la Tirana* parce que son mari, acteur également, jouait les rôles de tyran, naquit à Séville en 1775 et mourut après une longue maladie à Madrid en 1803. Réputée pour sa beauté et la sévérité de ses mœurs, la Tirana fut une actrice célèbre, mais qui faisait partie aussi des cercles cultivés de la vie espagnole de son temps.

Au début de janvier 1794 de nouveaux chefs-d'œuvre sortent de l'atelier du peintre

Tel un diable qui sort de sa boîte, il réapparaît brusquement et envoie à Bernardo de Yriarte, le vice-protecteur de l'académie San Fernando, une suite de tableaux de chevalet exécutés sur cuivre, illustrant des «activités nationales», qu'il peint d'abord «pour occuper son imagination mortifiée par la considération de ses maux», ensuite pour se refaire financièrement et enfin parce qu'ici il peut donner libre cours «à l'invention et au caprice», deux maîtres mots de sa personnalité. En effet, au lieu de gémir sur son sort, il s'attelle hardiment à sa propre rééducation, afin de se prouver et de prouver aux autres qu'il n'a rien perdu de son habileté professionnelle. Parfois il est encore indisposé, la convalescence étant lente, mais cela ne l'empêche pas de saisir ses pinceaux pour répondre à des commandes officielles.

Il est chargé de peindre deux célèbres officiers supérieurs espagnols qui combattent sur le front des Pyrénées (la France a déclaré la guerre à l'Espagne le 7 mars 1793). Le premier portrait représente *le Général Ricardos,* qui sera tué à l'ennemi au début de 1794, l'une de ces «effigies-verdict» dans lesquelles Goya va désormais exceller, où la facture soignée, le coloris brillant n'ôtent rien à la recherche de la vérité psychologique. Il exécute également celui du lieutenant-colonel *Felix Colon de Larreategui* dont les frères étaient amis de Cabarrus. Goya transpose formidablement sur toile l'expression dédaigneuse de la bouche mince et serrée d'un modèle qui lui est probablement antipathique mais dont il admire l'allure. De cette année 1794 date encore le très beau portrait de *Ramon Posado y Soto,* parent d'un beau-frère de Jovellanos, qui raconte, dans une lettre, sa visite à Goya, et témoigne de la surdité absolue du peintre. Un visage amical apparaît au milieu de ces messieurs ironiques ou gourmés, celui de l'actrice *la Tirana* représentée la première fois par Goya en 1794, au moment où, corpulente dame épanouie, elle fait ses adieux à la scène ; le peintre, comme toujours devant un modèle familier, parvient au maximum de naturel. Sa main de nouveau lui obéit parfaitement car la facture est impeccable. Pourtant lorsque cela l'arrange, il n'a pas peur de soutenir au directeur de la Manufacture de tapisserie, qu'il n'est pas en mesure de peindre, en raison de sa grave maladie.

Le général Ricardos est tué le 13 mars 1794. Sa mort prive l'armée espagnole de l'un de ses meilleurs généraux, dont l'un des titres de gloire est d'avoir, pendant la guerre avec la France en 1793, gagné la bataille de Truilles dans le Roussillon. Sa veuve offrira le tableau à Godoy.

Cette année 1794 est capitale pour la France et l'Espagne

Curieusement, en avril, Jovellanos, qui depuis quatre ans n'a pas mentionné une seule fois dans son *Journal* le nom de Cabarrus, «l'ami par excellence», parle de la révision du procès du banquier, toujours en résidence surveillée à Madrid. La fille de ce dernier, Teresa, à son tour emprisonnée à Paris sur l'ordre de Robespierre qui la soupçonne à juste titre de conspirer avec l'Espagne, encourage Tallien et ses amis à la révolte : le coup d'État du 9 thermidor réussit, Robespierre et ses partisans sont guillotinés, la Terreur décroît, à l'immense soulagement de la France et de l'Europe. Or le gouvernement espagnol souhaite ardemment deux choses : faire cesser la guerre et obtenir que la Convention lui remette le roi Louis XVII et sa sœur Madame Royale. Teresa Cabarrus, devenue l'épouse de Tallien, essaie de négocier la libération de son père ; on chuchote qu'elle sert d'intermédiaire secret entre Godoy et les comités français, via Cabarrus.

Le climat est moins tendu à la Cour d'Espagne et Goya profite de la situation pour se trouver de nouveaux clients, qui en réalité sont souvent les alliés ou les intimes de ses anciens commanditaires. Le comte del Carpio, président du Conseil des ordres militaires, qui fait partie du Conseil de la banque de Saint-Charles, est un grand ami de Jovellanos. Son épouse, la marquise de la Solana, d'une illustre famille basque, âgée alors de trente-sept ans, se fait peindre par Goya, peut-être pour laisser d'elle un souvenir tangible à sa fille unique. Elle mourra peu de temps après.

1795 : Goya rencontre son plus célèbre modèle, la duchesse d'Albe

En juillet 1795 la paix de Bâle est signée avec la France. Les distinctions pleuvent sur la noblesse ; Godoy y gagne le titre de prince de la Paix. Goya est chargé de peindre le portrait du duc d'Albe puis celui de son épouse en pied, image fameuse entre toutes. Symphonie de blanc, de rouge et de noir sur fond de sierra vert amande et de ciel bleu, signé et daté de 1795, où pour la première fois, semble-t-il, le peintre place son modèle devant un «vrai paysage». Les écrivains romantiques français ont inventé l'histoire d'une passion partagée entre la grande dame et le peintre sourd. Est-ce possible ? En réalité aucun document, aucun témoignage écrit contemporain n'en

« Il aurait mieux valu que tu viennes m'aider à peindre la d'Albe. Hier elle est venue à l'atelier pour que je lui peigne le visage et elle est repartie comme ça ; c'est vrai que cela me plaît plus que de la peindre sur toile. Il faut également que je lui fasse son portrait en pied et elle reviendra dès que j'aurai terminé une esquisse que je suis en train de peindre, représentant le duc d'Alcudia à cheval. »

Lettre à Zapater

L'histoire de l'album dit de San Lucar, dont fait partie ce lavis représentant la duchesse d'Albe (à gauche), est loin d'être éclaircie. On sait que la duchesse avait séjourné à San Lucar de Barrameda, port de l'Andalousie, sur la côte atlantique, en 1796-1797, et que Goya s'y trouvait entre mai et juillet 1796, mais on ignore les raisons de ce voyage. L'album contient 18 croquis où la duchesse apparaît deux ou trois fois ; certains seront repris dans les gravures des *Caprices.*

Femme remarquable, «la Solana» (ci-dessous) est auteur dramatique à ses heures ; très charitable, elle entretient un orphelinat. C'est elle qui était chargée de faire de la morale à la duchesse d'Albe (ci-contre), qui aimait les chansons populaires et jalousait les *majas.*

Le fond gris-bleu transparent, la gaze légère du fichu, le nœud rose dans les cheveux, sont traités d'une manière absolument illusionniste. Au-delà des traits ingrats, Goya saisit l'impalpable, l'âme ferme et généreuse de la marquise. On sent qu'il admire cette femme courageuse, qui sait qu'elle va mourir et se redresse fragile et irréductible, symbole même de la fierté espagnole. Lui-même vient d'échapper à la mort et la surdité semble décupler son pouvoir de créativité.

apportent la moindre preuve. Sinon peut-être quelques gravures des *Caprices.*

Goya connaît sûrement la duchesse de longue date. Évaporée et fantaisiste, elle ne craint pas de tourner la tête aux petites gens, toreros, étudiants, paysans même. Que le peintre soit tombé follement amoureux d'elle parce que les séances de pose lui permettent de la rencontrer souvent et en toute liberté, rien de plus vraisemblable, mais outre qu'il est sourd comme un pot, il a cinquante ans et la belle duchesse n'en a que trente-cinq. Elle croit jouer avec un pauvre artiste inoffensif, sans se douter que sous la griffure impitoyable du burin des *Caprices,* avec quelques dessins mordants et trois peintures-confessions, Goya va la faire passer à la postérité, et peut-être pas exactement comme elle l'aurait souhaité. Une petite toile de 1795 montre la duchesse et sa duègne sous un aspect plus farceur que sentimental.

Signe de l'évolution des mœurs, Goya, peintre de Chambre du roi, représente la duchesse d'Albe, la plus grande dame d'Espagne après la reine, dans une toile intime, *la Duchesse d'Albe et sa duègne,* proche des sujets satiriques traités au milieu du XVIIIᵉ siècle par le peintre anglais Hogarth ; dans son testament, elle accorde au peintre et à son fils, comme à plusieurs serviteurs fidèles, une rente de 10 réaux par jour.

Bayeu meurt en juillet 1795 et Goya, point rancunier, expose à l'académie un portrait de son beau-frère, *«sin concluir»,* d'une extraordinaire acuité psychologique. La variation des gris et des blancs est brossée magistralement, en frottis transparents.
Goya fait demander à Manuel Godoy d'intervenir auprès du roi afin d'obtenir le poste de premier peintre de Chambre, mais celui-ci refuse et s'étonne que Bayeu ait gagné autant (50 000 réaux). Bernardo de Yriarte, qui intercède auprès d'un responsable ministériel, n'a pas plus de succès.
En revanche Goya est élu directeur de la peinture à l'académie San Fernando en septembre avec 4 000 réaux de gages.

Francisco Bayeu, le beau-frère de Goya, est né à Saragosse en 1734. Ambitieux, excellent praticien, il avait déjà exécuté des travaux pour des églises de Saragosse avant d'être remarqué par le peintre Raphael Mengs qui l'appelle à Madrid afin de participer à la décoration des palais royaux. Grand travailleur, mais aussi tatillon, jamais content, toujours occupé à récriminer, à réclamer son dû, à tergiverser si les conditions qu'on lui offre ne lui paraissent pas suffisantes, Bayeu a surtout peint de nombreuses fresques et peu de tableaux de chevalet. Bien que chargé de famille, il avait élevé deux frères, Ramon et Manuel, également peintres et deux sœurs dont Josefa, la femme de Goya ; à sa mort, il laisse une très importante fortune.

En novembre 1795, Cabarrus est enfin absous, réhabilité, et cela grâce à l'entremise de Godoy : l'ancien banquier est en effet un bon conseiller financier qui aide le prince de la Paix dans ses placements. L'optimisme incorrigible de Cabarrus a résisté à tout ; il n'aura de cesse que ses amis «éclairés» viennent au pouvoir, sans s'apercevoir que les temps ont changé.

Le 4 janvier 1796, la Cour se rend en Andalousie afin de vénérer les restes de saint Ferdinand à Séville. Le duc

d'Albe accompagne les souverains. Goya lui aussi séjourne en Andalousie ; en mai 1796, il est à San Lucar de Barrameda, où la famille des ducs d'Albe possède un palais. Le 9 juin, le duc d'Albe meurt à Séville où il est enterré.

On apprend grâce au *Journal* de Moratin, le poète rentré en Espagne fin 1796, que Goya à nouveau malade est installé à Cadix. C'est très probablement au cours de l'année 1796 qu'il a brossé les trois grandes toiles pour l'oratoire de la Santa Cueva à Cadix, œuvres qui renouvellent complètement l'iconographie traditionnelle de la vie du Christ par leur mise en page audacieuse, leur facture originale et le raffinement de leurs coloris.

Les dessins de Goya pour les albums dits de San Lucar comptent parmi ses premières véritables études prises sur le vif. Manière désormais de faire connaître aux autres ses préférences et ses préoccupations puisqu'il est muré dans sa surdité. La duchesse d'Albe y apparaît deux ou trois fois, ainsi qu'une fort jolie jeune femme inconnue, en déshabillé ou nue. Goya représente une seconde fois la duchesse, dans un magistral portrait, daté de 1797, portant une inscription sur le sable *«Solo Goya»* ; elle est vêtue à la *maja,* mantille et jupe noires, et se détache sur un paysage lumineux qui ressemble beaucoup à la côte océane. La silhouette cambrée, l'air un peu hautain quoique légèrement canaille, l'expression triste, montrent que Goya reste lucide, et sait déceler la nature inconsciemment comédienne de son illustre modèle, mais il le dit avec un tel brio, qu'on néglige tout d'abord de s'en apercevoir. Au printemps 1797, Goya renonce à la direction de la peinture à l'académie San Fernando, en raison de sa santé.

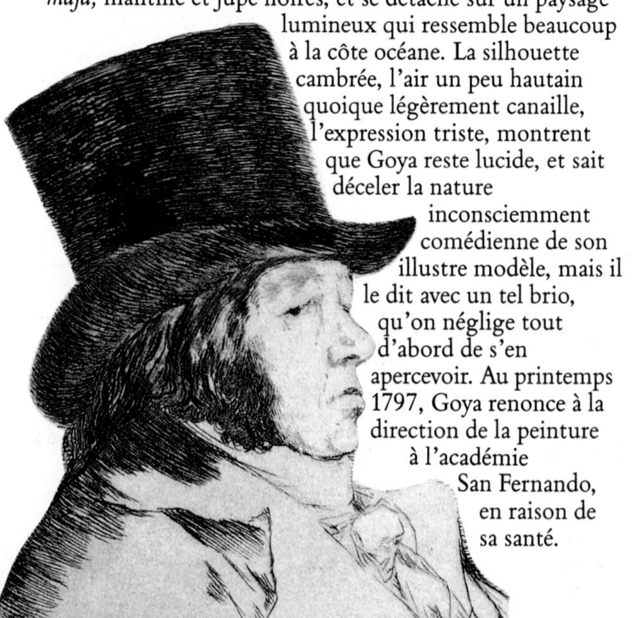

Jovellanos, le protecteur et l'ami, est représenté de manière simple et naturelle, dans une attitude familière, le coude gauche appuyé sur un bureau, la main soutenant la tête. Il est d'une élégance stricte : la veste de style frac est en soie de couleur gris-mauve, d'un raffinement exquis. Dans ce portrait, Goya réussit à marquer la correspondance des traits du modèle avec les sentiments et les idées qu'il exprime. Intelligence supérieure : le haut front le démontre. Franchise : les yeux regardent le peintre en face. Mélancolie et doute aussi.

Il commence les *Caprices,* sa grande série de gravures.

Le gouvernement du Directoire, à Paris, cause bien des soucis au prince de la Paix, Godoy, qui refuse de céder à toutes ses exigences. De plus la passion qu'il éprouve pour la jolie Pepita Tudo, qu'il a sans doute rencontrée au cours du voyage avec la famille royale en Andalousie, rend difficiles ses rapports avec la reine. Celle-ci l'oblige en 1797 à épouser la comtesse de Chinchón, fille de don Luis et cousine de Charles IV. Godoy, au milieu d'intrigues embrouillées, cherche des appuis auprès des libéraux et, sur le conseil de Cabarrus, fait entrer les amis de celui-ci dans le gouvernement : Jovellanos au ministère de la Justice, Bernardo de Yriarte à l'Agriculture, Saavedra aux Finances.

Manuel Godoy y Faria, né à Badajoz en 1767, entre, en 1784, dans les gardes du corps, où l'infante Marie-Louise le remarque. A partir de 1789, devenue reine, elle lui témoigne ouvertement sa prédilection. Godoy obtient alors les plus hauts postes militaires. Nommé Premier ministre en novembre 1792, prince de la Paix en 1795, sa puissance ne cesse de croître jusqu'en 1808, où à l'entrée des troupes napoléoniennes en Espagne, il manque d'être assassiné. Réfugié en France, puis en Italie il mourra à Paris en 1852.

Bien entendu, Goya va recevoir la commande de leurs portraits, entre 1797 et 1798. Il nous montre Yriarte, cérémonieux, portant perruque poudrée, parfaitement sûr de lui ; Jovellanos, élégant et distingué, songeur et comme accablé par le poids des soucis, qui regarde cependant Goya avec bienveillance, admirable témoignage de l'estime et du respect que lui porte le peintre.

La France du Directoire exige secrètement le renvoi du prince de la Paix, accusé de favoriser l'Angleterre. Le 28 mars 1798, c'est la chute de Godoy ; le gouvernement libéral qu'il vient de mettre en place se disloquera au cours de l'été.

Au printemps 1798, par ordre de Sa Majesté, Goya est chargé de décorer la chapelle royale de San Antonio de la Florida à Madrid

Il a cinquante-deux ans, il n'entend plus rien, sa santé est souvent défaillante et, cependant, il n'hésite pas à remonter sur les échafaudages pour peindre à nouveau une coupole, et quelle coupole ! La plus fameuse des temps modernes. Ici, plus de Bayeu tatillon, plus de chanoines grincheux ; il fait enfin ce qu'il veut et représente une scène populaire qui se déroule autour du tambour de la coupole, comme s'il était naturel que saint Antoine prêche

Depuis le XVIIe siècle, le sanctuaire dédié à saint Antoine de Padoue se trouvait sur le territoire de la Florida, au bas du parc du Palais royal. Charles IV et Marie-Louise désirent agrandir le domaine royal en acquérant des terrains de ce côté et décident de construire une nouvelle chapelle, San Antonio de la Florida. L'inauguration a lieu le 11 juillet 1799.

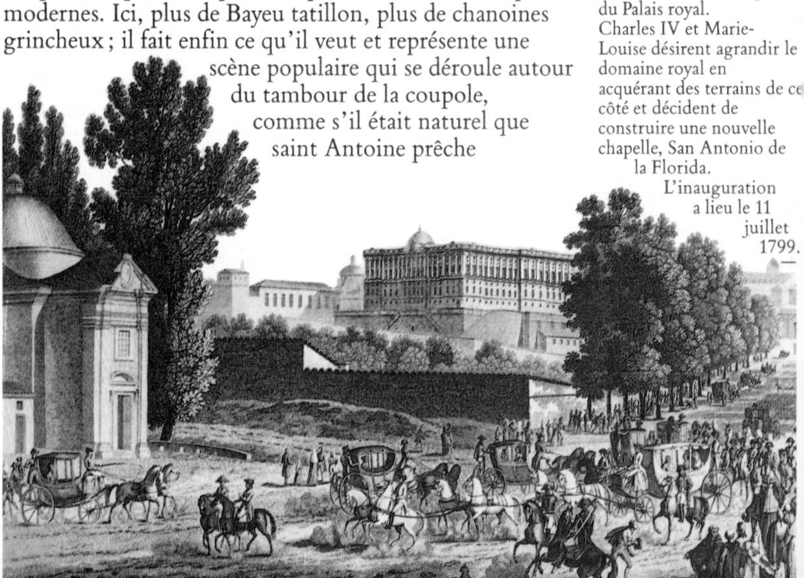

là-haut à dix mètres du sol. Symphonie gris-bleu scandée de jaunes stridents, d'une liberté créatrice, d'une invention totale. On connaît exactement le temps qu'il y a passé, du 1er août à la fin novembre 1798, soit quatre mois. Il a choisi ses couleurs très soigneusement, esquissé sa composition directement sur le mortier frais, modifiant le dessin initial en cours de route avec une dextérité et un métier de grand professionnel. Les anges des trompes semblent sortis de l'atelier de Renoir, tant ils sont d'un style en avance sur leur temps.

En juin 1798, Goya livre aux ducs d'Osuna six petits tableaux qu'il a peints pour leur maison de campagne de l'Alameda, scènes qui par leurs sujets préparent les *Caprices,* tel ce *Grand Bouc,* diable très en faveur en Aragon, véritable leitmotiv dans l'œuvre de Goya à partir de ces années de crise. Le peintre, qui a reconquis l'entière maîtrise de sa technique, projette sur la toile ses rêves, ses obsessions comme s'il filmait, au fur et à mesure, ce qui lui passe à travers la tête, la main suivant l'imagination à la seconde près.

Sa puissance de travail est fabuleuse. Au début de 1799, il présente à l'académie et met en place à la sacristie de la cathédrale de Tolède *l'Arrestation du Christ,* où l'effet d'éclairage nocturne est si parfaitement observé qu'on a

Grâce à Goya, le petit ermitage de San Antonio de la Florida est devenu l'un des hauts lieux de l'art à Madrid. Sur le détail de fresque que l'on voit ci-dessus, la monotonie de la balustrade circulaire est rompue, tout à coup, par la tache blanche d'un grand drap de procession qui vient rythmer la litanie des fidèles. La figure de gauche fait penser aux Sybilles de Michel-Ange, dont l'influence sur Goya fresquiste est très forte.

l'impression de vivre le drame de Jésus avec lui, au milieu des cris et du bruit, miracle de la «magie de l'ambiance».

La publication des *Caprices* est annoncée les 6 et 19 février 1799 : on peut les acquérir chez un parfumeur dans l'immeuble de Goya, au 1 de la rue del Desengaño

Celui-ci dira plus tard qu'ils ont été retirés de la vente au bout de deux jours, et que, à cause de l'Inquisition, vingt-sept exemplaires seulement ont été vendus, dont quatre achetés par les ducs d'Osuna. Il est bien évident qu'un tel brûlot, jugé trop libertin, ne pouvait être mis dans toutes les mains même si la plupart des compositions étaient incompréhensibles pour les non-initiés. Satire impitoyable des mœurs, mais aussi allusion aux scandales de la Cour, certaines planches conçues comme des rébus doivent être déchiffrées en fonction du contexte historique.

C'est le propre des grandes œuvres d'atteindre le niveau du langage universel en dénonçant les tares de la vie quotidienne d'une société ; le talent d'aquafortiste de Goya est si rare, si original, son imagination si vigoureuse, sa technique si habile qu'il parvient à donner une dimension gigantesque aux critiques sociales formulées par ses amis libéraux, à propos de la prostitution, de la superstition, de l'Inquisition, de l'ambition forcenée, de la vénalité et des abus de pouvoir. Chez lui les idées se transforment toujours en images vitales.

Il est possible que l'ambassadeur de France, Ferdinand Guillemardet, ait abrité dans une soupente de l'ambassade le tirage des *Caprices* : Goya a peut-être peint en témoignage de gratitude le superbe portrait de ce médecin bourguignon, improvisé diplomate, qu'il expose en 1799 à l'académie San Fernando. Guillemardet était tombé amoureux de la marquise de Santa Cruz, jeune tante par alliance de la duchesse d'Albe, et fort liée avec Goya. Son *Portrait en mantille,* probablement exécuté en 1799, est une œuvre merveilleuse, où le peintre laisse comme toujours, devant un modèle familier, libre cours à sa fantaisie sans oublier de capter la parfaite ressemblance des traits. Ces deux toiles se font face aujourd'hui au musée du Louvre.

Dans *les Caprices* on trouve tout à la fois des illustrations de proverbes, des critiques plus ou moins directes de la société, des facéties sur les sorcières, l'ensemble allant de la dérision à la colère.

La marquise de Santa Cruz, née Marianna Waldstein, issue d'une grande famille autrichienne, était la seconde épouse du marquis de Santa Cruz, Grand Maître de la Maison du roi. Un curieux récit fait allusion à une jeune marquise de S. dont Goya aurait été amoureux et qui était l'épouse d'un vieux chambellan. Elle pourrait en être la protagoniste.

Ferdinand Guillemardet, né en 1765, mourut aliéné, dit-on, en 1809. Conventionnel, ayant voté la mort de Louis XVI, il avait été témoin de la naissance d'Eugène Delacroix, dont le père officiel, Charles Delacroix, était ministre des Relations extérieures. On ne sait pour quelles raisons celui-ci l'avait nommé ambassadeur à Madrid, alors que les activités politiques de Guillemardet étaient principalement axées sur l'organisation des hôpitaux militaires.

Les souverains, eux, n'ont rien compris aux *Caprices,* ou s'en sont divertis. Au mois de septembre 1799, la reine Marie-Louise demande un nouveau portrait à Goya, qui la représente en mantille. Elle est fort contente et annonce le 9 octobre que le peintre a fait ensuite son portrait équestre en trois séances, qu'il a été très exigeant pour la pose sur un escabeau et que tout est ressemblant, la reine comme le cheval Marcial.

CHAPITRE IV
LE PEINTRE DE COUR

Admis dans le cercle des puissants, Goya sera le témoin de la décadence de la monarchie espagnole. Ses tableaux glorifient en apparence la famille royale, ses gravures, elles, semblent la critiquer violemment.

Su ancho 10 pies y 14 dedos. Su precio

Cette fois elle est ravie. «On dit, écrit-elle à Godoy, qu'[elle] est plus ressemblante que sur son portrait en mantille.» De fait cette immense toile est une des grandes réussites de Goya. Avec une vue de la sierra de Guadarrama digne de Velázquez, le portrait de la reine possède une extraordinaire «vérité dans le naturel»; la tête rejetée en arrière, elle regarde le peintre d'un air de défi amusé, bienveillant et complice, assez révélateur de sa personnalité diversement jugée par la postérité.

En France, c'est le 18 Brumaire. Bonaparte commence à gravir les degrés qui vont le mener au trône impérial. Son despotisme s'étend progressivement en Europe.

A Madrid, le gouvernement espagnol, et surtout Godoy, lui seront rapidement soumis. Cela signifie l'exclusion définitive du parti «éclairé», d'autant plus que Cabarrus et sa fille Teresa Tallien, devenue la maîtresse du banquier Ouvrard, représentent des intérêts financiers hostiles au Premier consul et seront implacablement rejetés à partir de cette époque.

Goya, tout en gardant sa lucidité et sa vision réaliste du monde qui l'entoure, se démarque alors des coteries politiques ou idéologiques: il a, en effet, appris à devenir prudent et ne veut pas perdre les acquis péniblement obtenus.

«Je n'ai aucune raison de me réjouir si je ne peux pas voir les autres. Ne tarde pas à venir et (...) n'oublie pas mes lunettes parce que je n'y vois rien.»
Lettre à Zapater, 1792

Les autoportraits de Goya montrent une recherche modeste et tenace de sa propre personnalité, avec plus d'interrogation que de satisfaction.

Le 31 octobre 1799, il est enfin nommé premier peintre de la Chambre, avec un traitement annuel de 50 000 réaux ; il prévient Zapater de cette promotion insigne et ajoute sans aucune modestie : « Les rois sont fous de moi. »

Leandro de Moratin est auteur dramatique et poète. Le style étincelant, la verve de ses lettres ont le même pouvoir évocateur que les esquisses de Goya.

Au cours de l'année 1799, il a peint le prestigieux portrait en pied de l'actrice la Tirana, vêtue à la mode de l'époque Directoire d'une robe à l'antique, agrémentée d'une écharpe de satin rose pailletée d'or, d'un effet saisissant ; comme toujours dans une œuvre amicale, style et facture offrent une totale liberté. Il en est de même pour le *Portrait de Moratin,* peint le 16 juillet 1799, d'une acuité psychologique étonnante ; c'est en sa compagnie que, en janvier 1800, Goya visite des appartements. Il va en effet être obligé de déménager, la maison où il habite depuis 1778 ayant été achetée par Godoy pour sa maîtresse Pepita Tudo. Le peintre acquiert pour 234 000 réaux, en juin 1800, un immeuble au 15 de la rue Valverde qui fait angle avec la rue del Desengaño. C'est une somme considérable. Voici Goya propriétaire.

Peintre de Cour, Goya prête indifféremment son talent aux courtisanes et aux princesses, aux ministres et aux rois

Il connaît forcément Pepita Tudo, le modèle présumé de la *Maja nue,* œuvre que des amateurs d'art remarquent dans un salon du palais de Godoy en novembre 1800. La représentation du nu est rare dans la peinture espagnole, et la toile de Goya fait exception. Le corps superbe de la *Maja,* d'un érotisme pervers, d'où la palpitation de la chair est absente, semble modelé dans la cire blanche.
Le 22 avril 1800, Marie-Louise écrit à Godoy que Goya est occupé à peindre son épouse la comtesse de Chinchón, fille de don Luis. Il s'agit de son meilleur portrait de femme, avec celui de la Solana, une œuvre d'un caractère intime en dépit de l'attitude réservée du modèle. Il est évident que Goya préfère la charmante princesse à la provocante Pepita Tudo. La robe de gaze argentée se détache sur un fond sans décor et le doux visage, encadré de légers cheveux blonds ébouriffés, est coiffé d'épis de blé, symbole d'une prochaine maternité. Bientôt, la princesse de la Paix ne pourra plus supporter d'être bafouée par Godoy qui se

Représentant probablement la maîtresse de Godoy, et non la duchesse d'Albe, comme cela a été souvent dit, la *Maja nue* ornait un cabinet du palais du Premier ministre, à côté d'un autre nu célèbre, la *Vénus au miroir* de Velázquez. Après la chute de Godoy, le tableau demeura caché, jusqu'en 1900, dans une pièce obscure de l'académie San Fernando. Il sera déposé avec la *Maja habillée* au musée du Prado en 1901.

La comtesse de Chinchón avait déjà été peinte, enfant, par Goya, au milieu des siens, dans *la Famille de l'infant don Luis,* en 1783. Jovellanos, invité à déjeuner par Godoy à la fin de l'année 1797, s'indigne de voir le Premier ministre prendre son repas entre son épouse, la princesse de la Paix, à sa droite, et sa maîtresse, la Tudo, à sa gauche. "No hay remedio" écrit douloureusement Jovellanos, dans un cri prémonitoire de l'exclamation inscrite par Goya au bas de l'un des *Caprices.*

conduit en pacha oriental, et, murée dans son mépris, elle refusera de lui adresser la parole en dépit des admonestations de la reine. Goya sait tout comprendre, tout deviner : le désenchantement, l'amitié qu'on lui témoigne, il capte les confidences du cœur affleurant les visages et réalise le portrait le plus émouvant de tous ceux qu'il a peints. «Aussitôt qu'il aura terminé celui de ta femme, écrit la reine à Godoy, il commencera celui des nôtres en groupe.»

Les esquisses des portraits pour la *Famille de Charles IV* sont prêtes en août 1800 et, connaissant la rapidité d'exécution de Goya, on peut supposer que le tableau définitif a dû être achevé au cours des mois suivants. La famille royale est représentée debout, grandeur nature, groupée, devant le mur de la salle d'un palais, le roi et la reine figurant au premier plan. On aperçoit Goya dans l'ombre à gauche, plus modeste que le Velázquez des *Ménines.* Il exécute aussi les deux *Portraits en pied du roi et de la reine* (au turban), les meilleurs de la série et le *Portrait équestre de Charles IV,* moins réussi que celui de Marie-Louise ; le tout est terminé en juin 1801.

La *Famille de Charles IV* unit la vérité psychologique à la magie de l'ambiance. On pourrait s'offusquer de voir les monarques ainsi représentés. Or on sait, grâce à des récits d'étrangers, que la laideur de la reine égalait le ridicule de ses toilettes, que le brave Charles IV ne brillait pas par ses facultés intellectuelles non plus que la sœur du roi. Le prince de Parme, lui, était mieux loti (détails ci-dessus). En fait, Marie-Louise trouvait que Goya s'était montré fidèle à ses modèles, preuve qu'il avait su améliorer l'original et nullement cherché à faire une caricature des souverains.

Nouveaux bouleversements à la Cour : fin 1800 Godoy reprend la direction des affaires politiques, tandis que Lucien Bonaparte arrive comme ambassadeur de France à Madrid

Au mois de mai 1801, les rois entreprennent l'expédition du Portugal, appelée guerre des Oranges, qui vaut à Godoy des lauriers peut-être pas entièrement mérités mais qui lui permettent de se faire peindre par Goya dans l'attitude nonchalante d'un général victorieux. Il s'agit, à dire vrai, d'une œuvre assez décevante, où le favori semble avoir su échapper à l'enquête psychologique du peintre, à moins que celui-ci se soit désintéressé de son modèle. Goya peindra encore pour lui, entre 1801 et 1803, quatre *tondos* illustrant des activités mercantiles et destinés à décorer son palais. La *Maja habillée,* représentant aussi sans doute la maîtresse de Godoy, date également de cette période.

En juillet 1802, la duchesse d'Albe meurt, à quarante ans, non pas empoisonnée, comme le bruit en a couru, en tout cas après avoir agonisé pendant un mois. Il existe un lavis de Goya pour un projet de tombeau de la duchesse, où, en quelques traits, il évoque d'une manière émouvante le petit visage aux yeux clos de sa protectrice.

En juillet 1803, le peintre offre au roi pour la chalcographie royale les planches de cuivre des *Caprices* et les tirages non vendus, contre une aide à son fils Javier afin que celui-ci puisse voyager. Ce sera le dernier contact de Goya avec la Cour jusqu'en 1808, bien qu'il continue à percevoir son traitement. Cependant sa vie,

L'*industrie* est une belle figure admirablement insérée dans la forme circulaire du *tondo.* Goya joue avec le rythme des cercles – enbrasure de la fenêtre, rouets – et éclaire son sujet en contre-jour.

privée et professionnelle, ne semble guère souffrir de cette situation ; outre des gages confortables, les travaux considérables qu'il a exécutés depuis plusieurs années lui ont permis de se constituer un capital non négligeable et il achète en 1803 une autre maison rue de los Reyes, à Madrid. Zapater meurt cette même année 1803 ; pourquoi la correspondance entre les deux amis a-t-elle cessé de 1799 à 1803 ? Le négociant aragonais est-il venu vivre à Madrid comme Goya l'en suppliait souvent, ou bien s'est-il produit une brouille qui les a séparés ? Là encore, les documents font défaut et il est impossible d'avancer des hypothèses sérieuses, mais on aimerait savoir comment Goya, si fidèle en amitié, a ressenti cette séparation avec un ami fraternel, compagnon de sa réussite.

Le comte de Fernan Nuñez fut ambassadeur d'Espagne en France. Protecteur des arts, il était membre de l'académie San Fernando en 1804. Lors de l'élection du nouveau directeur de l'académie, il vota pour Goya avec huit autres académiciens, alors que vingt-neuf membres donnèrent leurs voix à un artiste secondaire, Gregorio Ferro. Ceci démontre la sûreté de goût de Fernan Nuñez qui prouva ainsi sa reconnaissance envers l'artiste qui venait de le peindre et de l'immortaliser.

Jusqu'en 1808 avant que n'éclate la guerre d'Indépendance, Goya se consacre presque uniquement à l'art du portrait

Entre 1803 et 1804 il exécute deux de ses meilleurs portraits de jeunes hommes ; en 1803, le *Comte de Fernan Nuñez,* fils d'un ami intime de Charles III, âgé alors de vingt-quatre ans ; sa robuste et haute silhouette, enveloppée de la cape noire traditionnelle, se détache sur un magnifique fond de paysage. L'arabesque du grand bicorne qui coiffe gaillardement la belle tête brune est traitée à la manière de Velázquez. Goya ici est dans la plénitude de ses moyens et obtient l'accord parfait entre la vérité et la stylisation.

Il est difficile, désormais, d'oublier l'attitude désinvolte et le visage séduisant du *majo* grand seigneur

typiquement espagnol. En 1804, il est chargé de peindre le *Marquis de San Adrian,* ami de Cabarrus, homme fin et cultivé qui appartient à la bonne noblesse de Navarre ; ce portrait en pied dérive des modèles de la peinture anglaise jusque dans la position des jambes croisées, rare chez les Espagnols, toujours un peu cérémonieux ; c'est une œuvre somptueuse où l'artiste a soigné la facture, le coloris et le traitement du jeune visage à l'expression ouverte et sympathique. A la même époque, il peint deux charmants enfants, Clara de Soria et son petit frère.

Goya reste fidèle à ses premiers commanditaires, qui le lui rendent bien. Les membres de la famille d'Albe continuent à défiler devant son chevalet, telle *la Marquise de Villafranca* qui, armée d'un pinceau et d'une palette, est occupée à peindre son époux. Son visage plein, sans réelle beauté, éclate de joie de vivre. En 1805, d'autres bien jolies dames vont passer à la postérité grâce à Goya, telle *Isabel de Lobo y Porcel* qui porte une version élégante du costume andalou, avec le haut peigne orné de rubans où se drape la mantille noire. Ses immenses yeux de biche, tendres et fiers, sa bouche sensuelle, la coupe parfaite de son visage, son buste impeccable, font d'elle l'une des plus belles femmes de toute l'histoire de la peinture.

La fille des premiers mécènes de Goya, les ducs d'Osuna, a épousé le fils du marquis de Santa Cruz ; il nous la montre allongée sur un lit de repos comme Madame Récamier, muse gracieuse et pudique ; la facture rappelle celle de la *Maja nue* avec cette façon de rendre l'aspect lisse et dur des chairs jeunes, caractéristique de la vision plastique des formes féminines dans l'œuvre de Goya, mais le traitement des tissus est d'une liberté incroyable.

Isabel de Lobo (et non Cobos) y Porcel avait épousé en 1802 Antonio Porcel, membre du conseil de Castille, grand ami de Goya.

Tomasa Palafox, marquise de Villafranca, cousine du célèbre général Palafox, le héros de Saragosse, était, par son mariage, belle-sœur de la duchesse d'Albe, qu'elle assista dans ses derniers moments. C'est grâce à son témoignage qu'on sait que la duchesse d'Albe n'est pas morte empoisonnée, comme le bruit en avait couru chez ses contemporains.

En 1805 Javier Goya, le fils du peintre, a vingt et un ans. Le plus ravissant petit garçon de Madrid, de l'avis de son père, est devenu un très élégant jeune homme un peu muscadin, qui se dit peintre, mais qui, riche et gâté, ne semble guère avoir dépassé le stade du barbouillage. En dépit de l'exil et de l'éloignement des anciens directeurs de la banque de Saint-Charles, Goya a gardé des contacts étroits avec la finance et le gros négoce ; il arrange le mariage de son fils Javier avec Gumersinda Goicoechea (parente éloignée du Goicoechea de Saragosse), dont l'oncle maternel n'est autre que Leon Galarza, directeur de la banque de Saint-Charles. Ceci explique pourquoi le fils de Goya mènera une vie de rentier.

Sans cesse, dans la vie de Goya, de tels faits rappellent qu'il ne sous-estime pas l'importance de l'argent

Il a compris que la liberté de l'artiste dépend de son indépendance financière, grâce à laquelle il peint ce qu'il veut dire et non ce que les autres veulent qu'il dise. Sa fortune personnelle, acquise par un travail acharné, et ses liens avec les milieux d'affaires lui permettront de traverser les plus grandes crises politiques. Il leur devra aussi une ouverture d'esprit qui serait certainement moindre s'il avait vécu dans le monde souvent borné de la Cour. Ce mariage donne l'occasion à Goya d'exécuter deux portraits d'une perfection inégalée : le marié, l'homme en gris, observé avec tendresse et vérité, objet d'un étourdissant tour de force pictural ; la jeune épousée, délicieuse, mince et longue, qui semble sortir d'une miniature indienne quant à sa toilette. Ils habitent d'abord chez Goya puis s'en vont loger rue de los Reyes, dans la maison que le peintre leur donne et où naît Mariano en 1806, la huitième merveille du monde selon son grand-père qui bien entendu

Le sujet de ce tableau est inspiré de gravures populaires du XIXe siècle, sortes de bandes dessinées appelées *alleluya*. L'une d'elles montrait un moine Pedro de Zaldivia, attaqué par le bandit Pedro Piñero dit «el Maragato» (un roulier de la région de Leon). Avec courage et détermination, le moine était parvenu à désarmer le bandit et à le faire arrêter. La modernité de ces compositions (on n'en voit ici qu'une sur les six) est frappante, car Goya en suit le développement à la manière d'une séquence cinématographique. Les personnages sont vus en gros plan et les attitudes observent une sorte de rythme destiné à marquer la progression des événements et le retournement de la situation. Les couleurs sont fraîches et transparentes, la facture rapide et efficace ; chaque touche a sa raison d'être. Goya n'est pas le peintre du mouvement ; en revanche, il est celui de la violence et de la force, et ici les personnages se meuvent comme de puissantes machines.

« En ce qui me concerne tout ce que je peux te dire c'est que je travaille toujours avec la même dignité à ce qui me fait envie, sans avoir à composer avec aucun ennemi, sans être sous la coupe de qui que ce soit : je ne veux pas faire antichambre, j'ai assez [pour vivre], et je ne me tue pour rien. »

Lettre à Zapater

nous laissera plusieurs témoignages de sa surprise extasiée. Goya est âgé alors de soixante ans, mais il réagit devant la vie comme si les années n'avaient pas de prise sur lui.

La grande bourgeoisie naissante constitue l'essentiel de sa clientèle. *Porcel,* l'époux de la jolie Lobo, représenté en compagnie de son chien de chasse, *Felix de Azara,* le naturaliste, les *Sureda,* lui directeur de la Manufacture de porcelaine du Buen Retiro, *Sabasa Garcia,* autre merveilleuse figure de femme poétique et mystérieuse, le superbe portrait de Maria Mazon appelée *la Libraire de la rue de Carretas, Pedro Mocarte,* qui ressemble à un torero en retraite, chacun représenté selon sa personnalité, son allure, son caractère, avec une variété d'attitudes, d'expressions, une gamme colorée incroyables.

En 1806 se produit l'arrestation du bandit Maragato, fait divers qui sans Goya serait demeuré complètement ignoré, et que l'artiste va peindre en six épisodes, à la manière d'un reporter du XXe siècle, choisissant ce *scoop* en raison de son impact sur les foules. C'est encore un nouvel aspect du talent du peintre qui se révèle là.

Pour le mariage de son fils, Goya exécute une série de dessins des membres de la famille Goicoechea. Ici, Javier Goya et sa jeune femme.

Le 20 octobre 1805, à Trafalgar, l'Espagne, alliée de la France, perd sa flotte de guerre, l'une des plus belles du monde. A travers les retentissantes faillites des banquiers français engagés financièrement dans les affaires espagnoles, Récamier et Ouvrard en tête, l'Empereur achève de ruiner le trésor espagnol. De plus il veut se débarrasser des derniers Bourbons régnant en Europe et mettre à leur place sur le trône d'Espagne son frère Joseph.

CHAPITRE V

LA VIE EN NOIR

Des populations affolées courent dans une fuite éperdue, tandis que le colosse leur tourne le dos. Le tableau pourrait être une allusion à Godoy, qui a déchaîné la tempête et se détourne ensuite de ses victimes.

Malgré les éclatantes victoires militaires de 1807, l'argent commence à manquer, l'étau de l'Angleterre se resserre et Napoléon décide d'envahir la péninsule ibérique. Ses manœuvres sont facilitées par la faiblesse de Godoy et les dissensions qui opposent les membres de la famille royale. Le prince héritier Ferdinand, obtus et mal conseillé, a eu en effet l'imprudence d'en appeler à l'Empereur pour faire déposer son père Charles IV et chasser le prince de la Paix.

Comme toujours, le peuple espagnol ne sait pas grand-chose de ces bouleversements politiques, mais Godoy est tellement détesté que Napoléon passe pour un sauveur. De sorte que l'entrée des troupes françaises, en décembre 1807, est d'abord bien accueillie. Pourtant, lorsque Murat, en mars 1808, est nommé lieutenant-général de l'Empereur en Espagne et passe les Pyrénées pour commander l'armée française qui se déploie de la Vieille-Castille à la Catalogne, la Cour de Madrid prend peur. Le 18 mars une révolte éclate au palais d'Aranjuez. Godoy manque être assassiné par les partisans du prince Ferdinand mais parvient à fuir en France. Charles IV abdique en faveur de son fils Ferdinand VII, surnommé «le Désiré», et le 23 mars la foule madrilène, bernée et naïve,

Le triomphe illusoire, fin mars 1808, du nouveau roi Ferdinand VII, accueilli à Madrid comme le sauveur, fait mieux comprendre le désespoir du peuple lorsqu'il apprend, un mois plus tard, l'emprisonnement du roi à Bayonne.

qui attend impatiemment son nouveau roi, accueille Murat avec des transports de joie. Charles IV et Marie-Louise ont été emmenés à Bayonne, bientôt suivis de ce benêt de Ferdinand VII, accouru pour remercier Napoléon à la frontière espagnole. Le piège se referme sur lui ! Avant le départ du jeune roi, Goya est chargé par l'académie San Fernando de peindre son portrait, le 6 avril, à 14 h 30. La séance de pose est écourtée, il ne sera plus jamais reçu par Ferdinand VII, et le peindra désormais de mémoire.

Ce portrait en pied de Ferdinand VII a été peint en 1815. En dépit de l'antipathie que Goya éprouve pour le roi, il le représente dans deux portraits superbes, celui du Prado (ci-dessous) et un autre destiné à la Compagnie du canal d'Aragon.

A la fin du mois d'avril 1808, le peuple espagnol comprend enfin que Napoléon se conduit non pas en libérateur mais en conquérant

Sa colère se déchaîne quand il apprend que les derniers Bourbons sont obligés de quitter Madrid pour Bayonne, où désormais l'Empereur retiendra prisonnière toute la famille royale.

Le 2 mai, de violentes émeutes éclatent à Madrid ; le 3 mai elles sont cruellement réprimées par Murat. Six ans plus tard, en 1814, Goya immortalisera ces journées du *Dos* et du *Tres de Mayo.*

Le 15 juin 1808 commence le terrible siège de Saragosse, d'où les Français se retirent une première fois en août. Le patriotisme des Aragonais est soutenu par le général Palafox qui appelle Goya à Saragosse «pour voir

et examiner les ruines de la cité afin de peindre les actes d'héroïsme de ses habitants, à quoi [il] ne peut se dérober tant l'intéresse la gloire de sa patrie». Le nouvel assaut des Français, en décembre 1808, semble arrêter ce projet.

Cette scène est traditionnellement intitulée *Fusillade dans un camp militaire.* Les guérrilleros n'hésitaient pas, en effet, à exécuter non seulement les soldats ennemis, mais tous ceux qui étaient soupçonnés de pactiser avec eux. Ici, la violence en action, rare chez Goya, qui montre plus souvent l'instant où celle-ci va se déchaîner, est particulièrement bouleversante.

Pendant six années, l'Espagne va se débattre dans des imbroglios politiques et militaires insolubles

Farouchement patriote dans son immense majorité, le peuple mène une guérilla sans merci contre l'ennemi. Dans l'aristocratie et chez les libéraux, les choix sont plus difficiles. Les uns, tels Floridablanca, Jovellanos et Saavedra optent pour le gouvernement nationaliste de la Junte centrale. D'autres – Moratin, Bernardo de Yriarte, Urquijo, Cabarrus – , également protecteurs de Goya se

“Tout Espagnol considérait alors comme ennemi tout Français. L'Espagne était partout armée contre la France. Dans le Midi, c'était les Cortes qui étaient maîtres et qui, tranquillement, au nom de Joseph, gouvernaient régulièrement. Le Nord, sans unité de gouvernement, n'en échappait pas moins à Joseph ; il était sous la domination complète des guérillas, des bandes de Mina, d'El Pastor, des bergers de La Mesta, de celle du célèbre Empecinado. Quand un Français tombait aux mains d'une de ces bandes, elle le coupait en deux, ou bien le rôtissait vivant. Les Français du reste n'étaient guère moins féroces.”

Adèle Hugo,
Victor Hugo raconté par Victor Hugo

rallient au frère de l'empereur, le roi Joseph. On les appellera les *afrancesados.* Le peintre, alors au seuil de la vieillesse, a sans doute été désorienté par cette brisure, mais, à partir de 1810, il s'engagera moralement du côté des patriotes.

Au cours de ces années de guerre où le flux et le reflux des armées anglaises, espagnoles et françaises, entraînent la famine et la mort quotidienne dans leur sillage, Goya trouve en lui-même de suffisantes ressources physiques et morales pour produire une série de grandes toiles qui lui ont assuré une immense réputation de peintre de genre : *les Majas au balcon, les Jeunes ou la lettre, les Vieilles, la Forge, le Lazarillo de Tormes,* tous d'un style et d'une technique de cent années en avance sur leur temps.

L*es Jeunes ou la lettre* et *les Vieilles, ou que tal,* comme les autres peintures de genre que Goya produit en ces années 1808-1812, montrent une tendance à la monochromie et un emploi plus étendu des noirs brillants et profonds, opposés à des ocres chauds, des bleus crus, des verts sourds et, çà et là, à un rouge strident ; les ombres des visages sont souvent traitées en frottis noirs et transparents, la pâte épaisse maçonnée au couteau à palette présente des reliefs saisissants, des crépitements multicolores qui échappent aux recettes d'atelier et possèdent pourtant une efficacité optique étonnante.
Les Vieilles, qui demandent à leur miroir «Où en suis-je ?», pourraient être une satire contre la reine Marie-Louise, car la vieille femme porte dans les cheveux la fameuse flèche de diamant arborée par la reine dans *la Famille de Charles IV,* constatation troublante qui tendrait à prouver que cette peinture n'a pu être exécutée qu'après 1808, lorsque l'Espagne entière rejetait la responsabilité de la défaite sur Godoy et la reine.

En 1810 Goya, obsédé par les désastres de la guerre qui le bouleversent, lance un cri d'alarme et reprend le burin pour graver une série d'eaux-fortes

Dignes des grands poèmes épiques de l'Antiquité, ces gravures stigmatisent d'une manière accablante les horreurs de la guerre et le martyre qu'elle inflige à chaque individu, souvent innocente victime. Plus que la douleur collective, c'est la souffrance individuelle qui indigne Goya. Homme de cœur, il met son génie au service de sa révolte, au lieu de subir passivement les épreuves. A la violence de l'indignation, répond la violence de l'expression picturale.

De nombreux tableaux reprennent les mêmes sujets, dont le clair-obscur et le caractère pathétique appellent la comparaison avec Rembrandt. Seules deux œuvres d'une technique raffinée, *la Fabrique de balles* et *la Fabrique de poudre dans la Sierra de Tardienta* (Aragon), évoquent l'aspect militaire des combats. Dans le même temps,

Avec *la Fabrique de balles* (en haut) et la *Fabrique de poudre* (en bas), Goya persiste dans son rôle de ''reporter'' de guerre. Dans une symphonie de verts profonds et d'ocres clairs, les personnages sont traités à l'emporte-pièce, comme saisis dans l'instantanéité de leurs gestes.

“Ce ne sont que pendus, tas de morts qu'on dépouille, femmes qu'on viole, blessés qu'on emporte, prisonniers qu'on fusille, couvents qu'on dévalise, populations qui s'enfuient, familles réduites à la mendicité, patriotes qu'on étrangle, tout cela traité avec ces ajustements fantastiques et ces tournures exorbitantes qui feraient croire à une invasion de Tartares au XIVe siècle. Mais quelle finesse, quelle science profonde de l'anatomie dans tous ces groupes qui semblent nés du hasard et du caprice de la pointe.”

Théophile Gautier, *Voyage en Espagne*

Des maux séculaires : les pestiférés et les fous

Aux yeux de Goya la prison et l'hôpital représentent les deux formes essentielles de privation de la liberté. A Saragosse, se trouvait le plus grand hôpital de fous de toute l'Espagne; son ami Melendes Valdes, poète et magistrat, avait essayé de faire appliquer des réformes sur le fonctionnement des hôpitaux, qui devaient devenir laïcs, mais il s'était heurté à l'opposition de l'Église qui avait jusque-là la charge de ceux-ci, dont elle ne s'acquittait pas d'une manière efficace. Dans l'*Hôpital des pestiférés,* le décor architectural est analogue à celui qui apparaît dans la *Maison des fous* de l'académie San Fernando, peinte au cours de la même période, avec des effets de contre-jour superbes. Les attitudes des malheureuses victimes de la peste sont, comme toujours, observées avec un mélange de réalisme et de pitié profondément émouvant, dépourvu de toute sensiblerie.

Des maux séculaires : la violence et le brigandage

Ces deux petites peintures sont généralement considérées comme l'illustration de scènes de brigandage, mais elles ont plus probablement trait au pillage et au viol qui, hélas, résultaient des «horreurs de la guerre». Les *Brigands dépouillant une femme* (ci-contre) apportent la preuve que Goya atteint la perfection dans la représentation du nu feminin qui, en dépit du petit format de la toile, possède un caractère presque antique. Dans cette toile, comme dans *les Brigands fusillant leurs prisonniers,* (à gauche), la mise en page impeccable, la qualité des effets de pénombre, l'harmonie colorée rappellent Rembrandt, le maître que Goya admire le plus avec Velázquez.

il fustige l'Inquisition et illustre un *Enterrement de la sardine,* plein de sous-entendus politiques. En juin 1812, Josefa Bayeu, l'épouse de Goya, s'éteint à l'âge de soixante-cinq ans. Le partage des biens entre Javier et son père donne lieu à l'établissement d'un inventaire, d'un exceptionnel intérêt, seule information sur la vie domestique de l'artiste depuis l'éclipse de Zapater en 1800. On estime alors sa fortune à près de 360 000 réaux.

1812 amorce le déclin de la puissance de Napoléon, englué dans les steppes russes. En Espagne, Wellington remporte victoires sur victoires; il entre à Madrid en août 1812

Goya est chargé de peindre son portrait. Le duc de Wellington vient donc poser rue Valverde; leur antipathie réciproque est telle que le portrait du général anglais montre une ganache aux yeux vides, à la limite de la caricature. Ce qui aurait provoqué, selon la légende, une violente altercation entre le peintre, satisfait de son travail et son illustre modèle, indigné du résultat. En 1812 également, les Cortes (le parlement espagnol) ont été réunis et une constitution ultra-libérale, parfois même audacieuse, a été élaborée. Les Cortes s'installent à Madrid au cours de l'hiver 1813-1814 après le départ définitif du roi Joseph et des armées françaises. Goya exécute alors l'*Allégorie à la constitution de 1812,* aveu spontané de ses convictions politiques et de ses illusions, que partagent l'ensemble des libéraux. Tous espèrent le rétablissement de la monarchie sous une forme constitutionnelle alors que Ferdinand VII, relâché par Napoléon, ne songe qu'à restaurer le plus autocratique des régimes.

Pour glorifier le patriotisme des Espagnols, les Cortes avaient organisé un concours entre les peintres; il s'agissait de commémorer les émeutes du 2 mai 1808. Or, le 24 février 1814, Goya écrit au Conseil de régence présidé par le cardinal de Bourbon, fils de l'infant don Luis, pour lui proposer de «perpétuer par le moyen du pinceau les plus notables et héroïques actions de notre glorieuse insurrection contre le tyran de l'Europe». L'offre est acceptée le 9 mars 1814, et Goya peint ces fameuses scènes des 2 et 3 mai 1808 pour les cérémonies commémoratives qui ont lieu à Madrid le 2 mai 1814, l'Espagne tout entière communiant dans la ferveur du souvenir et de l'union nationale. Ici, comme Picasso avec *Guernica,* Goya échappe

Nommé en 1809 commandant en chef des forces britanniques dans la péninsule ibérique, Wellington mène quatre années de guerre contre les troupes napoléoniennes, qu'il écrasera définitivement à Vitoria, le 21 juin 1813. Deux ans plus tard, il sera le vainqueur de Waterloo.

A Madrid, le carnaval se terminait, le Mercredi des Cendres, par une procession burlesque composée de l'oncle Chispas, de la fille Chusca et du Juanillo, le bourreau des cœurs. Derrière eux, on portait un gigantesque mannequin auquel était accrochée une petite sardine que la foule débridée allait enterrer sur les bords du Manzanares. Goya suit d'assez loin ce canevas: la sardine est invisible, le mannequin remplacé par une bannière décorée d'un masque. *L'Enterrement de la sardine* pourrait représenter plutôt une allégorie burlesque du départ de l'armée française en mars 1813.

au style narratif. Soulevé par une sorte de force mystique, une volonté acérée de venger les martyrs des crimes de guerre, il aspire à faire entendre «par le moyen du pinceau» le cri de révolte de l'humanité opprimée, en conférant une valeur universelle à un épisode particulier qui, sans lui, n'aurait jamais eu le même retentissement.

Le 13 mai 1814 Ferdinand VII, après avoir aboli la constitution de 1812, entre solennellement à Madrid, fait dissoudre les Cortes et emprisonner les députés libéraux

Dictature, obscurantisme, proscription, rien ne change, la «divine raison» est bien morte. On s'empresse de cacher les chefs-d'œuvre de Goya à l'académie San Fernando. Ils y resteront, ignorés, jusqu'à la mort du roi en 1833. Mais l'Espagne est ruinée et Ferdinand VII a besoin d'argent. Il

lui faut ménager les milieux financiers auxquels Goya est demeuré étroitement lié. A la suite d'une longue enquête sur l'attitude du personnel de la Maison royale pendant l'occupation française, Goya est lavé de tout soupçon de collaboration : il n'a même pas perçu son traitement. Ferdinand VII lui est hostile mais le laisse néanmoins travailler en paix. La meilleure œuvre de cette époque est le superbe *Portrait équestre du général Palafox,* héros du siège de Saragosse.

Sur cet autoportrait, donné par son fils à l'académie San Fernando, Goya semble apaisé, moins tourmenté que dans les autoportraits de 1794 à 1800. Image intime dans laquelle il se montre le col ouvert, le visage grave, certes, mais avec un regard moins critique sur lui-même. Peut-être est-il amoureux alors de la jeune parente de sa belle-fille, Leocadia Weiss.

Le 30 mars 1815, l'assemblée générale de la Compagnie des Philippines (fondée par Cabarrus) se réunit sous la présidence exceptionnelle du roi auquel elle accorde un prêt considérable. Goya est chargé de commémorer cet événement sans précédent dans les annales du grand négoce espagnol ; il exécute une des toiles les plus importantes de l'histoire de la peinture espagnole et traite avec une souveraine désinvolture un sujet par nature protocolaire, insérant les personnages dans le décor palatial, où l'espace et les effets lumineux deviennent les véritables protagonistes de la composition.

Trois membres influents de la Compagnie sont peints isolément par Goya à cette occasion : *Miguel de Lardizabal, Ignacio Omulryan* et *José Muñarriz,* portraits réalisés dans des harmonies monochromes.

On prête parfois à Goya des sentiments de révolte sociale bien éloignés de ses convictions politiques réelles, qui le portaient vers une monarchie constitutionnelle dont il avait espéré, comme la plupart de ses protecteurs et amis, Jovellanos, Cabarrus, Bernardo de Yriarte, Moratin et tant d'autres, un meilleur gouvernement de l'Espagne. Il croit à l'utilité d'une organisation hiérarchique juste et bien conçue, son attachement au poste de premier peintre de Chambre du roi en est la preuve. En revanche, il est tout à fait persuadé, surtout dans les quinze dernières années de sa vie, qu'il n'y a pas ou peu de remède (*no hubo remedio* !) au destin fatal de l'humanité. Or, il aime tant la vie que sa nature optimiste est en perpétuelle lutte avec le pessimisme de son expérience. De ce conflit souvent aigu surgissent des chefs-d'œuvre inattendus qui traitent avec légèreté les sujets les plus graves ou reconnus comme tels, ainsi la célèbre *Junte des Philippines.*

En revanche, il déploie toutes les ressources de la polychromie dans le monumental *Portrait du duc de San Carlos,* détestable ministre, manœuvré à son insu par Talleyrand, qui encourageait les amours de sa propre épouse et du noble espagnol.

La politique incertaine du roi, despote d'ancien régime qui persécute à la fois les patriotes libéraux et les *afrancesados* parce qu'ils ont voulu réduire la puissance royale, ne contribue guère à rétablir l'ordre en Espagne, si cruellement éprouvée par la guerre.

Goya approche de soixante-dix ans et se représente en 1815 dans un célèbre *Portrait en buste,* comme si les années n'avaient pas de prise sur lui. Il n'a rien perdu de l'esprit combatif de sa jeunesse et le démontre en consacrant une véritable saga à l'art national de la *Tauromachie,* une série gravée parue en 1816 ; la vente des *Caprices* est de nouveau annoncée cette même année.

Pour représenter la *Dernière Communion de saint José de Calazanz,* Goya suit de près le récit de la vie du saint. Gravement malade, Joseph de Calazanz se leva pour la dernière fois, en dépit de sa faiblesse, afin de recevoir la communion, le 10 août 1648. Il était entouré de tous les religieux de l'église de San Pantaleon à Rome qui lui étaient restés fidèles et l'aimaient comme un père, ainsi que de ses élèves. Il mourut le 25 août, âgé de 92 ans.

Le duc d'Osuna, fringant jeune homme dont le portrait rappelle les tableaux anglais de l'époque, avait déjà été peint enfant par Goya, dans *la Famille du duc d'Osuna.*

Les enfants de ses anciens protecteurs passent devant son chevalet : *la Duchesse d'Abrantes,* couronnée de fleurs, et son frère *le Dixième Duc d'Osuna,* à l'allure amicale et décontractée. Le 13 septembre 1817, Goya doit avoir l'intention de s'absenter un certain temps car il donne pouvoir à un ami pour toucher son traitement de peintre de Chambre. Il a obtenu, cette même année, une commande de la cathédrale de Séville, pour laquelle il exécute plusieurs esquisses, ayant repéré auparavant l'endroit où doit être placée la peinture et «fixés les points de distance, de lumière et de vue» ; cette notation est précieuse car elle prouve les exigences de Goya, en matière de perspective et de composition. Il en résulte un grand tableau bien loin de la peinture dévote que l'on espérait, où les deux saintes patronnes de Séville, Juste et Rufine, ressemblent à de plantureuses *majas.* L'œuvre est mise en place en janvier 1818. Sur l'année qui va venir, on ne possède aucune information jusqu'au 19 février 1819 où il se rend acquéreur, pour 60 000 réaux, d'une maison de campagne, dite la «maison du sourd» (coïncidence !), située au-delà du pont de Ségovie, en direction de la prairie de San Isidro.

En août 1819, lorsqu'il achève la *Dernière Communion de saint José de Calazanz* pour l'église des Écoles

Les Peintures noires : magie et religion

Dans sa *casa de campo* des bords du Manzanares, Goya avait peint sur les murs de deux grandes pièces, l'une au-dessus de l'autre, une série de vastes compositions exécutées à l'huile et à *tempera,* à même le plâtre de la paroi. Véritable manifeste social et politique furibond, qu'on ne chercha pas alors à expliquer, car la période était troublée.
Aujourd'hui ces peintures sont déposées au Prado. De multiples études d'historiens leur ont été consacrées, et certaines commencent d'être mieux comprises.
Asmodée (en haut) a toujours été interprété comme une scène magique, mais il est aussi possible d'y voir une allusion au rocher de Gibraltar (dont la forme correspond à la silhouette du rocher du tableau), refuge des libéraux entre 1815 et 1833.
La composition des *Deux étrangers* représente sans doute le combat fratricide d'Abel et Caïn se battant à coups de bâton dans un champ de blé où selon la légende, ils s'enfonçaient jusqu'aux genoux, allusion peut-être aux luttes civiles espagnoles.

Les Peintures noires : meurtres et cannibalisme

Judith, l'héroïne de la Bible, séduit le général ennemi Holopherne et, durant son sommeil, lui tranche la tête, sauvant ainsi le peuple juif. Dans cette figure héroïque, Goya retient en fait la perversité et la cruauté de la femme capable de jouer de sa séduction pour mieux désarmer et anéantir l'homme.

Saturne, le dieu romain, voulait régner sans partage. Il avait détrôné son père et dévoré ses enfants, de façon à éviter de subir un jour le même sort. Ici, ce ne sont pas ses enfants que Saturne dévore, mais un fragile corps féminin, évocation probable des appétits sexuels de l'homme.

Les Peintures noires : sabbats et sorcières

Le *Grand Bouc* est au centre d'une assemblée féminine, preuve, selon Goya, que les femmes se laissent plus facilement prendre à la sorcellerie que les hommes. Cette scène de sabbat symbolise la superstition primaire, presque animale, encore largement répandue en Espagne à cette époque.

« Goya, cauchemar plein de choses inconnues,
De fœtus qu'on fait cuire au milieu des sabbats,
De vieilles au miroir et d'enfants toutes nues,
Pour tenter les démons ajustant bien leurs bas. »

Baudelaire,
les Fleurs du Mal

Il semble qu'après la mort de sa femme en 1812, Goya soit devenu l'ami de Leocadia Weiss, jeune parente de sa belle-fille Gumersinda Goicoechea, ce qui n'avait pas manqué de provoquer des dissensions entre Javier Goya et son père. En 1824, Leocadia Weiss vient rejoindre Goya à Bordeaux avec sa fille, la petite Rosario, âgée de dix ans. Goya et sa compagne se disputaient souvent mais le peintre adorait Rosario Weiss, et lui faisait enseigner les rudiments de la peinture, car il lui trouvait de grandes dispositions pour l'art.

pieuses à Madrid, Goya n'éprouve plus aucune difficulté à concilier la décence et la vérité. Cette fois le sujet lui convient parfaitement, il exprime sans effort le profond sentiment religieux qui l'anime et réalise là une œuvre poignante, dans la grande tradition mystique du XVIIe siècle. Il reçoit 16 000 réaux, en restitue 6 800, «en hommage, dit-il, à son compatriote saint José de Calazanz», et offre au prieur une petite toile figurant *le Christ au jardin des Oliviers,* l'un de ses grands chefs-d'œuvre. Peu de temps après il tombe gravement malade. Le 4 avril 1820, Goya assiste à la dernière séance académique de sa carrière.

Encouragé sans doute par la franc-maçonnerie internationale, le mouvement constitutionnel refait surface. Les monarchies européennes commencent à s'alarmer. A la suite du congrès de Vérone, la France décide de venir au secours de Ferdinand VII en envoyant un corps expéditionnaire. Dans l'été 1823, les armées constitutionnelles sont définitivement vaincues et le roi reprend le pouvoir, bien décidé à se venger. Le 17 septembre 1823, Goya fait soudainement don de la

Appelée *la Leocadia,* cette composition fait partie des peintures situées à l'origine au rez-de-chaussée de la « maison du sourd». On y voit Leocadia Weiss appuyée sur une tombe, ce qui a suscité de la part des historiens des commentaires parfois peu aimables, faisant allusion au côté funèbre de la dame. Or la radiographie de la composition, réalisée il y a peu de temps, a révélé que Goya avait peint Leocadia appuyée sur un manteau de cheminée, le visage découvert, et que probablement les surpeints de la tombe et de la voilette ne sont pas de sa main et ont été ajoutés après sa mort.

«maison du sourd» à son petit-fils Mariano. A-t-il peur alors d'un séquestre ? On sait depuis peu, grâce à des examens de laboratoire approfondis, que dans un premier temps Goya avait d'abord décoré les murs de sa maison de vastes paysages puis qu'il y a ajouté, en surpeint, les scènes qu'on connaît, aujourd'hui au musée du Prado. C'est probablement entre le printemps et l'été 1823 qu'il est la proie d'une crise de désespoir et de révolte : ayant subi en trois décennies les conséquences d'une révolution européenne, d'une invasion étrangère et de la guerre civile, exaspéré, il dénonce alors sur les murs de la «Quinta», en des termes d'une violence inouïe et cependant élaborés, la folie irrémédiable des hommes et les maux récurrents dont ils ne sauront jamais se dépêtrer. Fort inquiet pour sa propre sécurité, il va se réfugier au cours de l'hiver 1823-1824 chez l'abbé Duaso. En mai 1824, il demande une autorisation d'absence pour se rendre aux eaux de Plombières, en réalité afin de s'installer à Bordeaux, port du négoce espagnol, où sont fixés de nombreux amis *afrancesados.*

Pour la première fois, et pour des raisons politiques, le vieux peintre quitte son pays

Il arrive à Bordeaux le 24 juin, accueilli par son ami Moratin qui le décrit «sourd, vieux, faible, impotent, sans savoir une parole de français, mais si content et désireux de voir le monde» et se dirige aussitôt vers Paris où il arrive le 30 juin 1824. On sait, par les rapports de police, qu'il ne voit personne et «se promène dans les lieux publics et visite les monuments». Quelles peuvent être les réactions de Goya touriste, découvrant la capitale française sous l'œil indifférent du monde culturel parisien qui ignore complètement son génie ? On ne le saura jamais... Et que peint-il au cours de ce séjour ? Une corrida, l'une des plus belles, et deux excellents portraits de ses amis Ferrer. Il regagne Bordeaux en septembre, où viennent le rejoindre Leocadia Weiss et la fillette de celle-ci, Rosario. Le «jeune élève» s'est mis à la technique nouvelle de la lithographie et réalise le *Portrait de l'imprimeur Gaulon,* étonnant de vérité, et les quatre fameuses planches appelées *Taureaux de Bordeaux* dans lesquelles, avec des crayons, un rasoir et un grattoir, il obtient des effets de formes, d'attitudes et de lumière totalement inédites. L'année suivante, l'autorisation d'absence est prolongée de six mois, pour Bagnères cette fois. On sait être aveugle à la Cour de Madrid ! Goya perturbe la vie de Moratin, vieux garçon paisible, «apprécie la cité, les champs, le climat, la nourriture, l'indépendance et la tranquillité qu'il goûte à Bordeaux», mais veut aller à Madrid. «Si on le laissait, dit Moratin, il repartirait sur une mule sournoise avec son béret, sa capote, ses étriers, ses bottes et sa besace.»

En mai 1825, Goya est à nouveau gravement malade, les médecins constatent une paralysie de la vessie et une tumeur volumineuse du périnée. Il se rétablit toutefois, se précipite sur ses pinceaux et, «sans rien corriger», du premier coup, exécute une quarantaine de miniatures sur ivoire. Nouvelle demande de prolongation de congé, prorogé cette fois d'une année.

L*a Laitière de Bordeaux* est véritablement l'hymne à la jeunesse d'un homme qui, en dépit de l'âge et des infirmités, garde intacts son cœur et son imagination de vingt ans. Est-ce un portrait allégorique de Rosaria Weiss, alors âgée de quatorze ans ? On ne sait. Goya retrouve ici le goût de la clarté et du ciel bleu. Il s'agit bien d'une image-fée, celle de la grâce et de la jeunesse réunies dans ce qu'elles ont de plus naturel et de plus vrai.

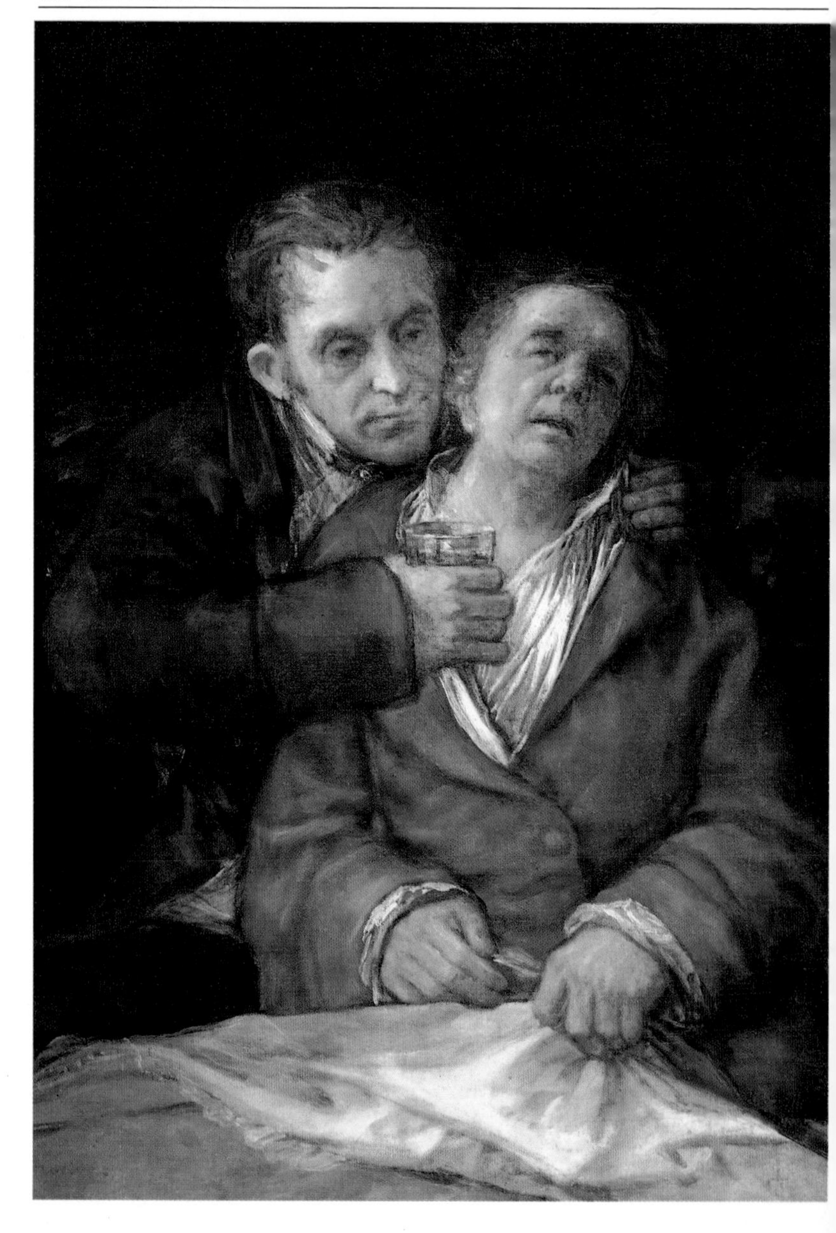

En 1826, mécontent des Français, il se rend à Madrid. Il a quatre-vingts ans et neuf cents kilomètres à parcourir dans des conditions peu confortables. Il obtient de la Cour la permission de prendre sa retraite avec le même traitement de 50000 réaux, et l'autorisation de retourner en France.

Revenu à Bordeaux, il fait le portrait du banquier *Santiago Galos,* qui gère ses affaires. En mai 1827, il peint un parent de sa belle-fille, Juan Bautista Muguiro, négociant espagnol, œuvre qui étonne par sa modernité et la présence presque physique du modèle. Dans l'été 1827, il entreprend pour la dernière fois le voyage de Madrid et fixe les traits de son bien-aimé petit-fils Mariano, devenu un élégant jeune homme assez batailleur et fort indiscipliné.

De retour à Bordeaux, il brosse ses ultimes chefs-d'œuvre, le portrait de l'ancien maire de Madrid *Pio de Molina,* et l'exquise *Laitière de Bordeaux,* fraîche image d'une sœur cadette des belles *manolas* de jadis.

Dédié à son ami Arrieta «en témoignage de gratitude pour le succès et le grand soin qu'il a déployé pour lui sauver la vie pendant la violente et dangereuse maladie survenue à la fin de 1819, à 73 ans», le tableau montre la manière inquiète et affectueuse dont le médecin prodigue ses soins au peintre et l'expression de souffrance de celui-ci, véritable plainte devant la maladie et la mort.

Mariano Goya a 21 ans ; le peintre, son grand-père, indique, sur une inscription au revers du tableau, qu'il en a 81, comme s'il s'étonnait de pouvoir peindre encore.

«Je n'ai plus ni vue, ni force, ni plume, ni encrier, tout me manque, seule la volonté me reste»

En janvier 1828, Goya prépare avec son énergie et son sens de l'organisation habituels la venue du ménage de son fils qui a l'intention de se rendre à Paris. A la fin de l'hiver, il a encore une attaque mais se remet, suffisamment selon lui, pour traiter de la question du placement d'un capital de 45000 francs sur la tête de Mariano, somme considérable pour l'époque.

Le 28 mars il accueille sa bru et son petit-fils. «Je suis au lit, de nouveau malade», écrit-il au tout début d'avril à Javier qu'il attend avec une anxiété joyeuse, bien qu'il soit presque à l'agonie. Il lui assurait plaisamment, en 1824, qu'il se pourrait qu'il lui arrive, comme à Titien, de vivre jusqu'à quatre-vingt-dix-neuf ans. Le destin en décide autrement et Goya meurt, le 16 avril 1828, dans le bel appartement des Fossés de l'Intendance à Bordeaux, sous le même signe du Bélier qui l'avait vu naître quatre-vingt-deux ans auparavant.

«Les couleurs des apparitions [de Goya] n'ont plus d'autre raison d'être que ses tableaux. Il n'annonce pas tel de nos artistes : il préfigure tout l'art moderne, parce que l'art moderne commence à cette liberté.»

André Malraux, *Saturne*

TÉMOIGNAGES ET DOCUMENTS

Goya sous le regard des critiques,
Goya graveur,
Goya épistolier.

Goya face aux critiques : Baudelaire

Le premier à avoir fait connaître Goya en France est le baron Taylor, qui constitua pour Louis-Philippe le fameux « Musée espagnol ». Mais le succès du peintre se fait attendre, dans un pays où le grand peintre espagnol est toujours Vélazquez, le classique, plutôt que le fantasque Goya. En 1857, dans le journal le Présent, *Baudelaire revient à la charge, insistant sur ce qui fera plus tard la réputation de Goya, son goût du fantastique et de l'horrible.*

« Linda Maesta. – Jolie maîtresse. »

Goya est toujours un grand artiste, souvent effrayant. Il unit à la gaieté, à la jovialité, à la satire espagnole du bon temps de Cervantès, un esprit beaucoup plus moderne, ou du moins qui a été beaucoup plus cherché dans les temps modernes, l'amour de l'insaisissable, le sentiment des contrastes violents, des épouvantements de la nature et des physionomies humaines étrangement animalisées par les circonstances. C'est chose curieuse à remarquer que cet esprit qui vient après le grand mouvement satirique et démolisseur du XVIIIe siècle, et auquel Voltaire aurait su gré, pour l'idée seulement (car le pauvre grand homme ne s'y connaissait guère quant au reste), de toutes ces caricatures monacales – moines bâillants, moines goinfrants, têtes carrées d'assassins se préparant à matines, têtes rusées, hypocrites, fines et méchantes comme des profils d'oiseaux de proie –; il est curieux, dis-je, que ce haïsseur de moines ait tant rêvé sorcières, sabbats, diableries, enfants qu'on fait cuire à la broche, que sais-je ? toutes les débauches du rêve, toutes les hyperboles de l'hallucination, et puis toutes ces blanches et sveltes Espagnoles que des vieilles sempiternelles lavent et préparent soit pour le sabbat, soit pour la prostitution du soir, sabbat de la civilisation ! La lumière et les ténèbres se jouent à travers toutes ces grotesques horreurs. Quelle singulière jovialité ! Je me rappelle surtout deux planches extraordinaires : – l'une représente un paysae fantastique, un mélange de nuées et de rochers. Est-ce un coin de Sierra inconnue et infréquentée ? un échantillon du chaos ? Là, au sein de ce théâtre abominable, a lieu une bataille acharnée entre deux sorcières suspendues au milieu des airs. L'une est

“Estan Calientes. - Ils s’échauffent.”

à cheval sur l'autre ; elle la rosse, elle la dompte. Ces deux monstres roulent à travers l'air ténébreux. Toute la hideur, toutes les saletés morales, tous les vices que l'esprit humain peut concevoir sont écrits sur ces deux faces, qui, suivant une habitude fréquente et un procédé inexplicable de l'artiste, tiennent le milieu entre l'homme et la bête.

L'autre planche représente un être, un malheureux, une monade solitaire et désespérée, qui veut à toute force sortir de son tombeau. Des démons malfaisants, une myriade de vilains gnomes lilliputiens pèsent de tous leurs efforts réunis sur le couvercle de la tombe entrebâillée. Ces gardiens vigilants de la mort se sont coalisés contre l'âme récalcitrante qui se consume dans une lutte impossible. Ce cauchemar s'agite dans l'horreur du vague et de l'infini.

A la fin de sa carrière, les yeux de Goya étaient affaiblis au point qu'il fallait, dit-on, lui tailler ses crayons. Pourtant il a, même à cette époque, fait de grandes lithographies très importantes, entre autres des courses de taureaux pleines de foule et de fourmillement, planches admirables, vastes tableaux en miniature, – preuves nouvelles à l'appui de cette loi singulière qui préside à la destinée des grands artistes, et qui veut que, la vie se gouvernant à l'inverse de l'intelligence, ils gagnent d'un côté ce qu'ils perdent de l'autre, et qu'ils aillent ainsi, suivant une jeunesse progressive, se renforçant, se ragaillardissant, et croissant en audace jusqu'au bord de la tombe.

Au premier plan d'une de ces images, où règnent un tumulte et un tohu-bohu admirables, un taureau furieux, un de ces rancuniers qui s'acharnent sur les morts, a déculotté la partie postérieure d'un des combattants. Celui-ci, qui n'est que blessé, se traîne lourdement sur les genoux. La formidable bête a soulevé avec ses cornes la chemise lacérée et mis à l'air les deux fesses du malheureux, et elle abaisse de nouveau son mufle menaçant ; mais cette indécence dans le carnage n'émeut guère l'assemblée.

Le grand mérite de Goya consiste à créer le monstrueux vraisemblable. Ses monstres sont nés viables, harmoniques. Nul n'a osé plus que lui dans le sens de l'absurde possible. Toutes ces contorsions, ces faces bestiales, ces grimaces diaboliques sont pénétrées d'*humanité.* Même au point de vue particulier de l'histoire naturelle, il serait difficile de les condamner, tant il y a analogie et harmonie dans toutes les parties de leur être ; en un mot, la ligne de suture, le point de jonction entre le réel et le fantastique est impossible à saisir ; c'est une frontière vague que l'analyste le plus subtil ne saurait pas tracer, tant l'art est à la fois transcendant et naturel.

Charles Baudelaire,
Quelques caricaturistes étrangers

“Y aun no se van ! – Et pourtant ils ne s’en vont pas ! ”

Goya face aux critiques : Mérimée

On a tout reproché à Goya : son dessin (aucune technique...), sa couleur (aucune vraisemblance...) et plus généralement ses sujets : le fantastique a longtemps eu mauvaise presse au XIXe siècle, malgré le goût des romantiques pour le morbide et l'excessif.
Ainsi Mérimée, par ailleurs amateur éclairé qui connaissait bien l'Espagne ne goûte guère les fantasmagories de Goya.

Je ne vous pardonne pas votre admiration pour Goya. J'ignorais qu'il eût jamais eu de passion pour la duchesse d'Albe, qu'il a peinte en veste jaune et robe transparente, mais ses eaux-fortes, pas plus que ses tableaux ne me plaisent. Il a fait quelques eaux-fortes d'après Vélasquez, qui ont cependant le mérite de rappeler les originaux à qui les a vus. Mais comment osez-vous trouver beau les *Désastres de la guerre ?* Il n'a pas même su faire des taureaux, lui qui était amateur. Les *caprichos* qu'il a faits, lorsqu'il était plus qu'à moitié fou, ont quelques drôleries assez bonnes. Quant à ses tableaux, ils me font horreur, non par les sujets, mais par l'exécution. Lorsqu'on veut briser les règles académiques et se jeter dans la vérité, la première condition c'est d'imiter la nature. Goya mettait des couleurs au hasard sur une palette, et quand il avait trouvé une suite de tons à son goût, son tableau était fait. Il eût mieux fait de laisser les taches de couleur et de ne pas essayer d'en faire des figures. Êtes-vous allée à *Las Delicias ?* C'est un château du duc d'Osuna, qui lui vient de sa tante, la duchesse de Benavante. Goya y a peint, gros comme nature, des scènes de sorcellerie, dans le genre de celles des *Caprichos.* Il y a une sorcière à moitié transformée en chèvre, qui m'a laissé un souvenir. Pour conclure, je tiens que, si on veut être réaliste, il faut l'être comme le fut Vélasquez, ou ne pas s'en mêler.

Prosper Mérimée,
Lettre à la duchesse Colonna

“ Aguarda que te unten. - Attends qu'ils t'aient graissé. ”

Goya face aux critiques : Claudel

Goya, comme tous les peintres de l'Ancien Régime, ne pouvait vivre décemment que grâce aux commandes d'État. On ne peut donc s'étonner de trouver dans son œuvre mainte représentation de la famille royale ou des dignitaires du régime. Mais, de même que Vélazquez avait souvent représenté des aristocrates hideux, contrefaits, dégénérés, Goya, à en croire Paul Claudel, inscrit dans ses tableaux le malheureux destin de la famille de Charles IV.

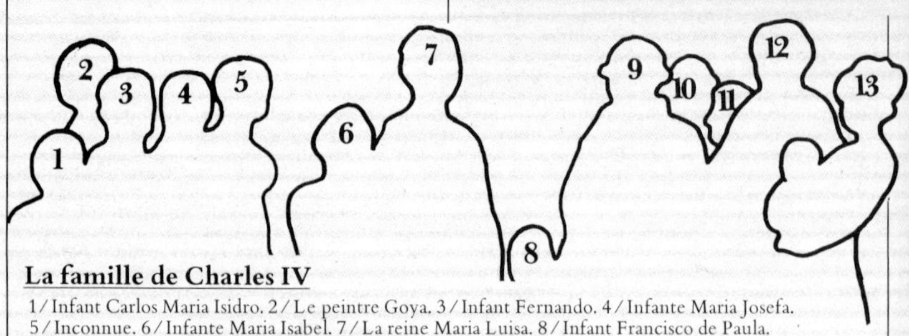

La famille de Charles IV

1 / Infant Carlos Maria Isidro. 2 / Le peintre Goya. 3 / Infant Fernando. 4 / Infante Maria Josefa. 5 / Inconnue. 6 / Infante Maria Isabel. 7 / La reine Maria Luisa. 8 / Infant Francisco de Paula. 9 / Le roi Charles-IV. 10 / Infant Antonio Pascual. 11 / Inconnu. 12 / Le prince de Parme. 13 / La princesse de Parme et son enfant.

Un autre alignement encore : cette fois, c'est une famille, la *Famille royale des Bourbons d'Espagne,* affichée, j'allais dire mise en scène par le majordome Goya y Lucientes pour le bénéfice de ce public torrentiel qui essuie sa précarité balnéaire à la permanence de cette rouge vitrine. Elle est tout entière incendiée, comme par une torche, par ce personnage écarlate tout flamboyant de plaques et de pierreries et l'ordre solaire de l'Espagne au travers de sa poitrine qui est Sa Majesté le roi Charles IV, et son fils au-dessous de lui rutile d'une incandescence à peine amortie. Je ne parle pas de la face sous la perruque blanche, c'est le soleil couchant de la monarchie, la braise qui jette une ardeur suprême ! Soies, gazes, broderies, diamants, toute l'assemblée est saupoudrée de feu et de sel, tout pétille, tout bourdonne comme une guitare heurtée de l'ongle et du pouce sous le pinceau du magicien que l'on devine là-bas dans l'ombre, reculé derrière son châssis. Mais le personnage principal au centre de la composition qui s'ordonne tout autour d'elle, celle que le souverain, tourné vers elle de trois quarts, présente au public et, débonnaire cocu, illumine comme un phare du rayonnement de sa bedaine royale, c'est la reine Marie-Louise. Elle tient à la fois de Clytemnestre et de je ne sais quelle blanchisseuse au visage ravagé par l'âge, les passions et les intempéries. Au fond, on voit qu'elle a peur, mais qu'elle essaie de toute l'énergie de ses pauvres moyens, de faire face à une situation qui la dépasse. Que ces deux enfants, une fille et un fils, qu'elle tient, sans doute pour se donner contenance, par la main, ne nous donnent point le change ! Ils ne suffisent pas à obstruer la brèche qui s'est faite dans le principe héréditaire. Car, n'en doutez pas, cette personne gênée, effarée, en état permanent de retour d'âge, que le descendant des Bourbons, aussi convaincu et à l'aise dans sa livrée fulgurante que s'il était son propre domestique, présente majestueusement à l'avenir, c'est la démocratie elle-même, et cette fée au second plan, cette Alectô, qui accuse en caricature les traits de son auguste parente, ne nous laisse pas d'ambage sur les arrière-pensées du destin. Cette jeune femme à sa droite, en profil perdu, c'est l'Infante, au nom de toute la jeunesse, qui se tourne vers sa mère pour la regarder. Le reste, ces figurants compassés et falots, qui s'alignent de chaque côté (et l'on dirait que les personnalités s'atténuent jusqu'à s'effacer, à mesure qu'on va du centre à la périphérie), c'est rien, c'est l'ameublement, c'est le rebord du plat ! Il n'y a que ce marmot entre les bras de sa nourrice, décoré comme tous les camarades, du Grand Cordon de la Légion d'honneur, qui m'intéresse ! Il rit, ma foi, de tout son cœur et jusqu'à mouiller ses langes !

(...) Dans ces deux portraits que Goya nous a donnés du dernier Bourbon, ce qui va en avant, ce n'est pas l'âme, c'est l'abdomen, dans l'un accoutré d'une peau tachetée d'animal féroce, qui fait penser à la fable d'Ésope, dans l'autre, d'une écarlate qui brait, c'est le cas de le dire, à tue-tête, une tête à la fois convaincue et bonasse de majordome. Et j'ai gardé le souvenir de ces deux fées dont l'une brasille et l'autre étincelle : l'une pas autre chose, messieurs et mesdames, que la mégère, la carabosse, la pie-grièche, la sorcière, que j'ai eu l'honneur de vous présenter, il y a un moment, dans cette grande composition de la *Famille Royale :* l'autre, dont le torse fuse, lui aussi, mais c'est d'un ample soubassement de jupes et de satin et se termine, autour de la tête par une espèce de pétarade ou de pyrotechnie un peu folle d'épis, de dards et de fleurettes. Passons devant les effigies de peintres et de poètes dont l'œil tragique nous reproche d'être vivants, et cueillons sur le corps de la double maja, l'une vêtue et l'autre non, cette fleur, chez l'une nacrée de l'épiderme, et chez l'autre aérienne et chatoyante de la gaze et de la soie. Ce n'est pas le visage seul, c'est tout le corps que la coquette tourne, darde vers nous, et l'on dirait que l'artiste l'a tout entière caressée et enveloppée, non seulement de la pointe de son pinceau de martre, mais d'un souffle lumineux – s'il est vrai que, comme d'eau celle d'un blanchisseur chinois, il y a des moments où la bouche d'un créateur est remplie pour le projeter d'un amidon de lumière, et la lumière lui sort par tous les pores !

Paul Claudel, *la peinture espagnole*

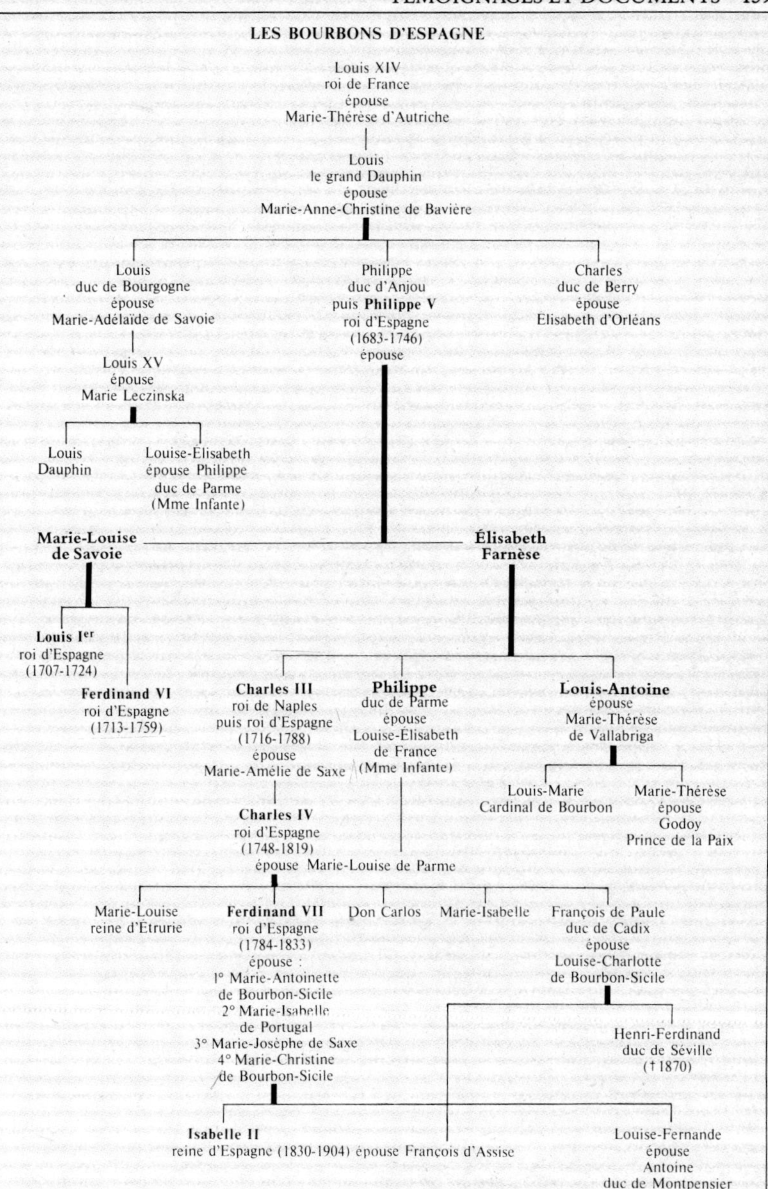
LES BOURBONS D'ESPAGNE
Louis XIV
roi de France
épouse
Marie-Thérèse d'Autriche
Louis
le grand Dauphin
épouse
Marie-Anne-Christine de Bavière
Louis
duc de Bourgogne
épouse
Marie-Adélaïde de Savoie
Philippe
duc d'Anjou
puis Philippe V
roi d'Espagne
(1683-1746)
épouse
Charles
duc de Berry
épouse
Élisabeth d'Orléans
Louis XV
épouse
Marie Leczinska
Louis
Dauphin
Louise-Élisabeth
épouse Philippe
duc de Parme
(Mme Infante)
Marie-Louise
de Savoie
Élisabeth
Farnèse
Louis Ier
roi d'Espagne
(1707-1724)
Ferdinand VI
roi d'Espagne
(1713-1759)
Charles III
roi de Naples
puis roi d'Espagne
(1716-1788)
épouse
Marie-Amélie de Saxe
Philippe
duc de Parme
épouse
Louise-Élisabeth
de France
(Mme Infante)
Louis-Antoine
épouse
Marie-Thérèse
de Vallabriga
Louis-Marie
Cardinal de Bourbon
Marie-Thérèse
épouse
Godoy
Prince de la Paix
Charles IV
roi d'Espagne
(1748-1819)
épouse Marie-Louise de Parme
Marie-Louise
reine d'Étrurie
Ferdinand VII
roi d'Espagne
(1784-1833)
épouse :
1° Marie-Antoinette
de Bourbon-Sicile
2° Marie-Isabelle
de Portugal
3° Marie-Josèphe de Saxe
4° Marie-Christine
de Bourbon-Sicile
Don Carlos
Marie-Isabelle
François de Paule
duc de Cadix
épouse
Louise-Charlotte
de Bourbon-Sicile
Henri-Ferdinand
duc de Séville
(† 1870)
Isabelle II
reine d'Espagne (1830-1904) épouse François d'Assise
Louise-Fernande
épouse
Antoine
duc de Montpensier

Goya face aux critiques : Malraux

En 1950, André Malraux consacre à Goya un ouvrage intitulé Saturne, *dont le propos, dit-il, est de « saisir l'une des plus désespérées parmi les aventures spirituelles de l'Occident ». Le dernier chapitre du livre parle de la vieillesse du peintre, exilé en France, sourd, malade, presque aveugle, mais toujours acharné à produire, des tableaux, des gravures, des lithographies...*

La découverte providentielle de la lithographie (ses yeux affaiblis ne lui permettent plus de graver à l'eau-forte) transforme son dessin qui, en même temps qu'une permanente prospection, était trop la préparation et la conséquence de sa gravure, pour que la métamorphose de celle-ci ne le modifiât pas. Ses taches deviennent floues, ses accents s'émoussent. Autant que jadis il fuit le fignolage italien, aujourd'hui néo-classique, mais dans une écriture timide devant la pierre, comme celle de tous les premiers lithographes.

Entre son rêve (ou son modèle) et son dessin au crayon, semble s'interposer une sépia de jadis, dont le dessin serait la réplique hésitante. Ses eaux-fortes n'étaient plus que gravure, ses compositions, ses portraits, ne sont plus que peinture ; mais ses dessins ont pour matière un trait, écrasé, souvent d'une blondeur semblable à celle des eaux-fortes où il avait employé la technique de Tiepolo. Il semble retomber en jeunesse. Jusqu'au jour où il découvre que la matière de la lithographie n'est pas seulement le noir, mais aussi le blanc.

C'était ce qu'il avait jadis découvert de l'eau-forte. A Bordeaux, où il n'a pu emporter ses monstres peints, il les redessine ; dans ce dessin tremblant, eux aussi vieillissent... Mais une fois de plus, comme à San-Fernando, comme avec la nuit des *Caprices,* il a trouvé. Étendant d'abord sur toute la pierre un gris dont il arrachera les blancs au grattoir, il ressaisit le noir, la matière, le trait rageusement décisif : l'accent de sa couleur. Il pose la pierre comme une toile sur son chevalet. Il cesse de tailler ses crayons, les emploie comme des pinceaux... Il cherche l'effet d'ensemble

“Disparate ridiculo. – Vers le cimetière.”

qui exige le recul, ce qu'il faisait devant ses tableaux, mais ce que nul, de longtemps, n'exigera de la lithographie. Et il achève à la loupe, non par souci du détail qu'il fuit – mais parce que ses yeux s'en vont...

Alors, la main tremblante des dessins aux crayons taillés redevient la vieille patte souveraine. Plus pour les monstres ; pour l'autre passion permanente de sa vie, celle qu'il avait connue avant les fantômes et contre laquelle ceux-ci n'avaient pas prévalu : même sous la voix de l'angoisse, il entendait le gong assourdi du sang. C'est une fois de plus l'écho de la clameur retombée de la guerre, de la voix séculaire de l'Espagne abandonnée : le taureau.

Il lui avait naguère consacré quarante planches, et maints tableaux. La *Tauromachie* était un recueil admirable ; malgré une apparente répétition où semblait s'user le génie, chacune des compositions, à l'exception des quelques planches documentaires d'où la griffe n'était d'ailleurs pas absente, retrouvait le grand accent. Il y a dans toute corrida le mélange d'un spectacle de cirque (avec sa part de danger, mais les équilibristes aussi se tuent parfois) et d'une communion du sang. Goya allait de ce spectacle à cette communion, du plaisir de l'*aficionado* à la célébration d'un sacrifice. Son noir d'autre monde n'était pas plus absent de ses mises à mort qu'il ne l'avait été de ses sorcelleries. Et le taureau, quel que fût le sujet des gravures, y était toujours le taureau. Harcelé par les chiens, par les picadors, par les *banderilleros*, il ne perdait jamais l'immobilité ramassée que Goya lui donnait avec tant de force devant les lances, l'immobilité qui va se ruer au meurtre : sur ses cornes à peine baissées allaient, aux planches suivantes, se convulser les chevaux éventrés ou les hommes tués. Quel rôle n'avait pas joué dans l'art de *Francisco de los Toros* la conjugaison de la mort, du jeu et de la part nocturne du monde ! Sans doute la corrida, ses déguisés et son sacrifice étaient-ils à ses yeux un carnaval sanglant. De tant d'accidents et d'exploits oubliés, il restait, l'album refermé, la silhouette animalement héroïque si souvent apparue sur le ciel au-dessus des crêtes d'Aragon, comme jadis, sur le piédestal des promontoires de Crète, avait surgi le Minotaure.

Pourtant les taureaux, eux aussi, perdent le bronze musclé que leur donnait l'eau-forte. Goya cherche à tâtons le brasillement que va trouver sa peinture. Car il peint encore, dans cette poignante lumière où l'approche de la mort unit Titien, Hals, Rembrandt, Michel-Ange, vieillards las de la vie mais non de la peinture, enfin distraits des hommes et qui ne peignent plus que pour eux-mêmes. Les peintres connaissent la vieillesse, mais leur peinture ne la connaît pas... Il travaille aux derniers portraits, à la *Religieuse,* au *Moine.* Sa solitude hantée, qui maintenant l'est aussi d'éternel, a rejoint la surdité beethovenienne. Mais les dessins s'épuisent. Il faudrait changer leur écriture, trouver, dans la gouache sans doute, l'équivalent du blanc de la pierre grattée. Il passe par Paris, voit – et néglige – les *Massacres de Scio.* Il dessine l'homme-squelette, le charmeur de lézards et de serpents, l'idiot ; encore des chiens volants, quelques démons retardataires... L'Espagne même, dont il sait que s'il n'avait pas peint, elle ne serait pas la même dans la rêverie des hommes, s'éloigne... Elle seule le connaît encore, pourtant... Seuls quelques artistes savent qu'il est autre chose qu'un roi du pittoresque. Car pour l'Espagne seule son espagnolisme était tantôt moderne et tantôt nationaliste, jamais exotique. Ses mantilles, ses moines, ses supplices, pour l'Angleterre et pour la France, appartenaient au théâtre, presque au rêve. A Paris, un garrotté était fiction : un guillotiné ne l'eût pas été. (Il dessine la guillotine, d'ailleurs, mais pour lui seul, et sans retrouver son génie.)

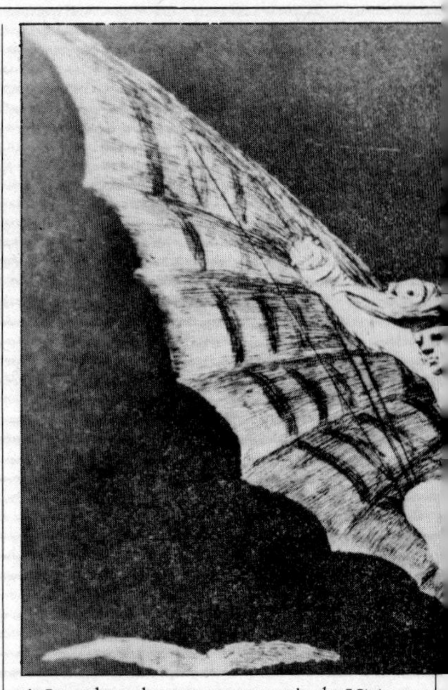

A Londres, le personnage de *la Visite* était d'abord un moine ; à Madrid, il était la millénaire apparition venue de chez les morts pour exiger la justice, et dont l'immobilité silencieuse fait taire toute la rumeur des hommes, et jusqu'au bruit lointain de la mer.
Il pense à de nouveaux *Caprices ;* il a « de meilleures idées qu'autrefois ». Sa touche écrasée fait maintenant éclater le schématisme du *Christ aux Oliviers,* les carapaces des prêtres de *Joseph de Calasanz* et de la *Messe de Relevailles.* Une peinture d'esquisses dont nul tableau ne pourrait sortir, qui ne cherche pas la lumière mais un poudroiement de couleurs auquel Monticelli tentera de répondre plus tard comme un écho de mélancolie, surgit de ses dessins tremblants. Les taureaux qui, chevauchés par des corbeaux, passaient dans le ciel, ceux

« Modo de volar. – Manière de voler. »

qui en tombaient en pluie dans l'une des dernières *Disparates* reparaissent, à peine distincts, dans l'hallucination épique de la dernière *Corrida.* Il ne voyait plus guère le monde qu'il n'entendait plus; il commence à ne plus voir même ses crayons... La solide *Porteuse d'eau* est devenue la *Laitière de Bordeaux :* c'est le tremblement des derniers Titiens...

Bientôt les peintres oublieront au prix de quelle angoisse cet homme avait dressé contre toute la culture dans laquelle il était né son art solitaire et désespéré. Ils ne retiendront de ces cendres encore éblouissantes que l'avènement de l'individu, et la métamorphose du monde en tableaux. Pourtant...

« C'est par une nuit pareille, Jessica... » C'est par une nuit pareille que le vieil exilé, à qui sa surdité faisait fuir, vers les foires et les manèges, les palabres qui réunissaient ses compagnons chez le chocolatier valencien, tentait de faire entendre encore la voix la plus avide de l'absolu et la plus séparée de lui, que l'art ait connue. C'est peut-être par une nuit pareille qu'en dessinant, à demi aveugle, le *Colosse qui s'endort,* il se souvint d'avoir tiré de l'angoisse éternelle, au-dessus des cris obscurs des démons possédés à leur tour, l'autre *Colosse* dont le visage inquiet rêve parmi les astres...

Ensuite, commence la peinture moderne.

André Malraux,
Saturne, le destin, l'art et Goya

“El caballo raptor. – Le cheval ravisseur.”

“Disparate puntual. – Disparate d’équilibre.”

“Bobalicon. – Le grand nigaud.”

“Disparate matrimonial. – Disparate matrimonial.”

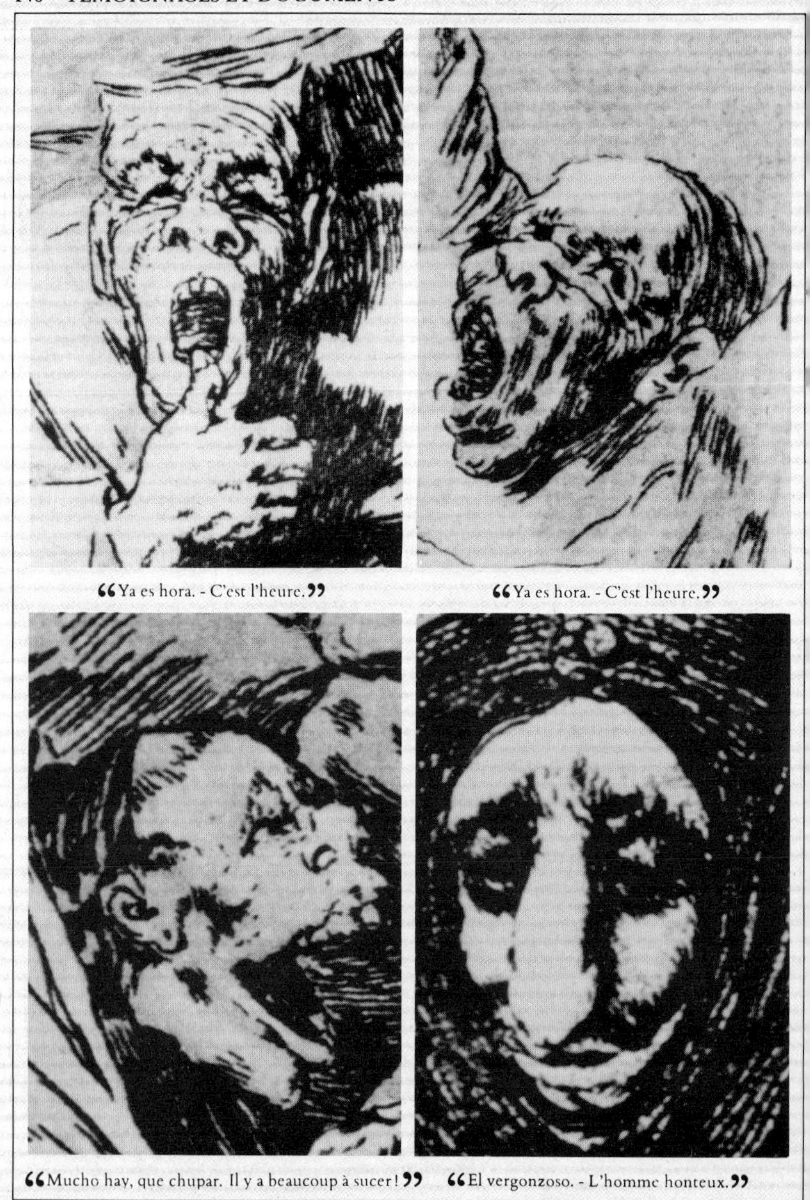

“Ya es hora. - C'est l'heure.”

“Ya es hora. - C'est l'heure.”

“Mucho hay, que chupar. Il y a beaucoup à sucer!”

“El vergonzoso. - L'homme honteux.”

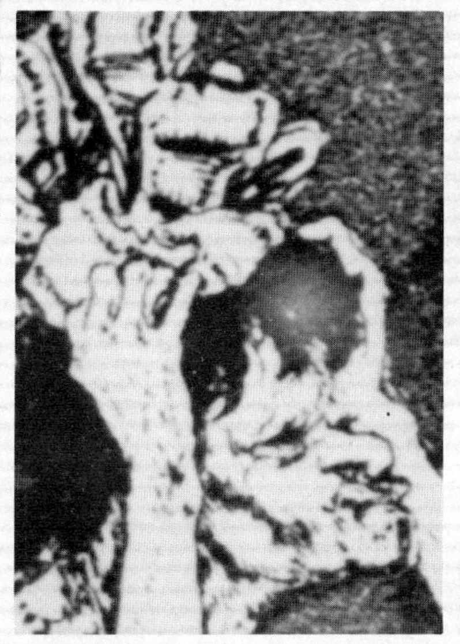

“Hasta la muerte. – Jusqu'à la mort.”

“Duendecitos. - Revenants.”

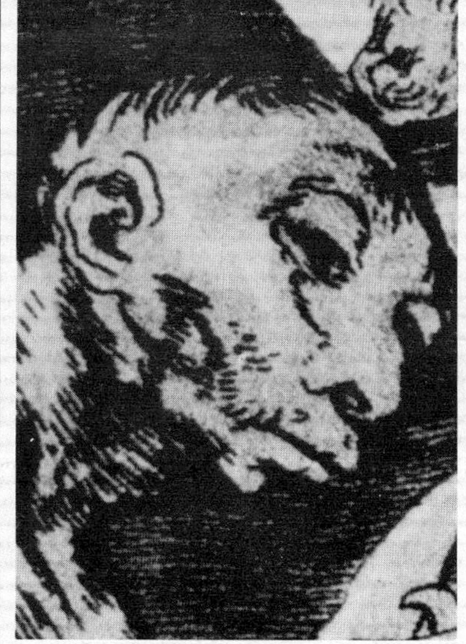

“Le repulen ? – Ils se bichonnent.”

“Hilan delgado. – Elles filent bien.”

La Tauromachie

Les souvenirs tout frais de la guerre d'Espagne de 1808-1812 avaient élaboré dans l'imagination des Français une nation espagnole pleine de sauvagerie, capable de manger de l'homme, comme le rapporte Hugo, de croire aux sorcières, comme le rapporte Gautier, et de se complaire au spectacle des corridas, comme le raconte Mérimée et comme l'illustre Goya.

Le taureau, préalablement irrité à dessein dans sa cage, sort furieux...

Les chulos s'approchent, agitent leurs capes éclatantes, et tâchent d'attirer le taureau vers l'un des picadors. Si la bête est brave, elle l'attaque sans hésiter. Le picador, tenant son cheval bien rassemblé, s'est placé, la lance sous le bras, précisément en face du taureau ; il saisit le moment où il baisse la tête, prêt à le frapper de ses cornes, pour lui porter un coup de lance sur la nuque, et non ailleurs ; il appuie sur le coup de toute la force de son corps, et en même temps il fait partir le cheval par la gauche, de manière à laisser le taureau à sa droite. Si tous ces mouvements sont bien exécutés, si le picador est robuste et son cheval maniable, le taureau, emporté par sa propre impétuosité, le dépasse sans le toucher. Alors le devoir des chulos est

“Des jarette de la canalla con lanzas, medias lunas, banderillas, y otras armas. – La populace coupe les jarrets du taureau avec des lances, des demi-lunes, des banderilles et autres armes.”

d'occuper le taureau, de manière à laisser au picador le temps de s'éloigner ; mais souvent l'animal reconnaît trop bien celui qui l'a blessé : il se retourne brusquement, gagne le cheval de vitesse, lui enfonce ses cornes dans le

“Banderillas de fuego. – Banderilles de feu.”

ventre, et le renverse avec son cavalier. Celui-ci est aussitôt secouru par les chulos ; les uns le relèvent, les autres en lançant leurs capes à la tête du taureau le détournent, l’attirent sur eux, et lui échappent en gagnant à la course la barrière qu’ils escaladent avec une légèreté surprenante. Les taureaux espagnols courent aussi vite qu’un cheval : et si le chulo était fort éloigné de la barrière, il échapperait difficilement. Aussi est-il rare que les cavaliers, dont la vie dépend toujours de l’adresse des chulos, se hasardent vers le milieu de la place ; quand ils le font, cela passe pour un trait d’audace extraordinaire.

Une fois remis sur pieds, le picador remonte aussitôt son cheval, s’il peut le relever aussi. Peu importe que la pauvre bête perde des flots de sang, que ses entrailles traînent à terre et s’entortillent dans ses jambes, tant qu’un cheval peut marcher, il doit se présenter au taureau. Reste-t-il abattu, le picador sort de la place, et y rentre à l’instant monté sur un cheval frais.

J’ai dit que les coups de lance ne peuvent faire qu’une légère blessure au taureau, et ils n’ont d’autre effet que de l’irriter. Pourtant les chocs du cheval et du cavalier, le mouvement qu’il se donne, surtout les réactions qu’il reçoit en s’arrêtant brusquement sur ses jarrets, le fatiguent assez promptement. Souvent aussi la douleur des coups de lance le décourage, et alors il n’ose plus attaquer les chevaux, ou, pour parler le jargon tauromachique, il refuse d’entrer. Cependant, s’il est vigoureux, il a déjà tué quatre ou cinq chevaux. Les picadors se reposent alors, et l’on donne le signal de planter les *banderillas.*

Ce sont des bâtons d’environ deux pieds et demi, enveloppés de papier découpé, et terminés par une pointe aiguë, barbelée pour qu’elle reste dans la plaie. Les chulos tiennent un de ces dards de chaque main. La manière la plus sûre de s’en servir, c’est de s’avancer doucement derrière le taureau, puis de l’exciter tout à coup en

“Origen de los arpones o banderillas. – Origine des harpons ou banderilles.”

frappant avec bruit les banderilles l’une contre l’autre. Le taureau étonné se retourne, et charge son ennemi sans hésiter. Au moment où il le touche presque, lorsqu’il baisse la tête pour frapper, le chulo lui enfonce à la fois les deux banderilles de chaque côté du cou, ce qu’il ne peut faire qu’en se tenant pour un instant tout près et vis-à-vis du taureau et presque entre ses cornes; puis il s’efface, le laisse passer, et gagne la barrière pour se mettre en sûreté. (...)

Lorsque le taureau a montré de la lâcheté, c’est-à-dire quand il n’a pas reçu gaillardement quatre coups de lance, c’est le nombre de rigueur, les spectateurs, juges souverains, le condamnent par acclamation à une espèce de supplice qui est à la fois un châtiment et un moyen de réveiller sa colère. De tous côtés s’élève le cri de *fuego! fuego!* (du feu! du feu!). On distribue alors aux chulos, au lieu de leurs armes ordinaires, des banderilles dont le manche est entouré de pièces d’artifice. La pointe est garnie d’un morceau d’amadou allumé. Aussitôt qu’elle pénètre dans la peau, l’amadou est repoussé sur la mèche des fusées; elles prennent feu, et la flamme, qui est dirigée vers le taureau, le brûle jusqu’au vif et lui fait faire des sauts et des bonds qui amusent extrêmement le public. C’est en effet un spectacle admirable que de voir cet animal énorme écumant de rage, secouant les banderilles ardentes et s’agitant au milieu du feu et de la fumée. (...)

Quand le taureau porte au cou trois ou quatre paires de banderilles, il est temps d’en finir avec lui. Un roulement de tambours se fait entendre; aussitôt un des chulos désigné d’avance, c’est le matador, sort du groupe de ses camarades. Richement vêtu, couvert d’or et de soie, il tient une longue épée et un manteau écarlate, attaché à un bâton, pour qu’on puisse le manier plus commodément. Cela s’appelle la *muleta.* Il s’avance sous la loge du président et lui demande avec une révérence profonde la permission

“El animoso moro Gazul es el primero que lanceó toro en reglà. – Le courageux Maure Gazul est le premier qui combattit les taureaux suivant les règles.”

“Ligereza y atrevimiento de Juanito Apinañi dans les arènes de Madrid. – Audace et légèreté de Juanito Apinañi dans les arènes de Madrid.”

“Pedro Romero matando a toro parado. – Pedro Romero mettant à mort un taureau arrêté.”

de tuer le taureau. C'est une formalité qui le plus souvent n'a lieu qu'une seule fois pour toute la course. Le président, bien entendu, répond affirmativement d'un signe de tête. Alors le matador pousse un *viva,* fait une pirouette, jette son chapeau à terre et marche à la rencontre du taureau.

Dans ces courses, il y a des lois aussi bien que dans un duel ; les enfreindre serait aussi infâme que de tuer son adversaire en traître. Par exemple, le matador ne peut frapper le taureau qu'à l'endroit de la réunion de la nuque avec le dos, ce que les Espagnols appellent la croix. Le coup doit être porté de haut en bas, comme on dirait « en seconde » ; jamais en dessous. Mieux vaudrait mille fois perdre la vie que de frapper un taureau en dessous, de côté ou par derrière. L'épée dont se servent les matadors est longue, forte, tranchante des deux côtés ; la poignée, très courte, est terminée par une boule que l'on appuie contre la paume de la main. Il faut une grande habitude et une adresse particulière pour se servir de cette arme.

Pour bien tuer un taureau, il faut connaître à fond son caractère. De cette connaissance dépend non seulement la gloire, mais la vie du matador. (...)

Avant d'essayer de donner le coup d'épée à un taureau, le matador lui présente la muleta, l'excite, et observe avec attention s'il se précipite dessus franchement aussitôt qu'il l'aperçoit, ou s'il s'en approche doucement pour gagner du terrain, et ne charger son adversaire qu'au moment où il paraît être trop près pour éviter le choc. Souvent on voit un taureau secouer la tête d'un air de menace, gratter la terre du pied sans vouloir avancer, ou même reculer à pas lents, tâchant d'attirer l'homme vers le milieu de la place, où celui-ci ne pourra lui échapper. D'autres, au lieu d'attaquer en ligne droite, s'approchent par une marche oblique, lentement et feignant d'être fatigués ; mais, dès qu'ils ont jugé leur

“Un caballero español mata un toro despues de haber perdido el caballo. – Après avoir eu son cheval blessé, un cavalier met à mort le taureau.”

distance, ils partent comme un trait. (...)

Enfin le taureau impatient s'élance contre le drapeau rouge dont le matador se couvre à dessein. Sa vigueur est telle qu'il abattrait une muraille en la choquant de ses cornes ; mais l'homme l'esquive par un léger mouvement de corps ; il disparaît comme par enchantement et ne lui laisse qu'une draperie légère qu'il élève au-dessus de ses cornes en défiant sa fureur. L'impétuosité du taureau lui fait dépasser de beaucoup son adversaire ; il s'arrête alors brusquement en raidissant ses jambes, et ces réactions brusques et violentes le fatiguent tellement que, si ce manège était prolongé, il suffirait seul pour le tuer. Aussi, Romero, le fameux professeur, dit-il qu'un bon matador doit tuer huit taureaux en sept coups d'épée. Un des huit meurt de fatigue et de rage.

Après plusieurs passes, quand le matador croit bien connaître son antagoniste, il se prépare à lui donner le dernier coup. Affermi sur ses jambes, il se place bien en face de lui et l'attend, immobile, à la distance convenable. Le bras droit, armé de l'épée, est replié à la hauteur de la tête ; le gauche, étendu en avant, tient la muleta qui, touchant presque à terre, excite le taureau à baisser la tête. C'est dans ce moment que le matador lui porte le coup mortel, de toute la force de son bras, augmentée du poids de son corps et de l'impétuosité même du taureau. L'épée, longue de trois pieds, entre souvent jusqu'à la garde ; et si le coup est bien dirigé, l'homme n'a plus rien à craindre : le taureau s'arrête tout court ; le sang coule à peine ; il relève la tête ; ses jambes tremblent, et tout d'un coup il tombe comme une lourde masse. Aussitôt de tous les gradins partent des *viva* assourdissants ; les mouchoirs s'agitent ; les chapeaux des majos volent dans l'arène, et le héros vainqueur envoie modestement des baisemains de tous les côtés.

Prosper Mérimée, *Lettres d'Espagne*

Les Désastres de la guerre

Un roman de Paul Morand, Le Flagellant de Séville, *a pour décor l'Espagne des armées napoléoniennes, celle que Goya a représentée dans* les Désastres de la guerre. *A la fin du roman, le héros, don Luis, exilé en France, s'est lié d'amitié avec Goya, à Bordeaux. Après les horreurs de la guerre en direct, les transpositions échevelées, sur gravures, de ces mêmes horreurs toujours recommencées...*

« Esto es peor. – Ceci est pire. »

Goya se leva, tira de sa poche une clef et dit :

« Suis-moi ; je veux te montrer quelque chose mais tu me promets d'oublier ce que tu auras vu. Baisse la tête : nous montons au grenier. »

Sur deux longues tables étaient étalées des planches gravées à l'eau forte, à l'aquatinta et à la pointe sèche. Le peintre tira don Luis par le bras et l'amena devant ces tréteaux. Son air de brave homme, de flegmatique gras s'était effacé ; il avait maintenant un visage terrible, rouge comme un chaudron de sorcière, en proie aux spectres qu'appelait son génie.

« Regarde, dit-il, voilà la guerre ! »

C'était une triperie ; cela n'avait plus rien de commun avec les nobles et pompeux combats illustrés par les peintres de batailles ; les affaires d'honneur entre nations étaient devenues une séquelle d'assassinats immondes, l'heure de l'homicide patriotique avait sonné, ne déclenchant plus que la série des crocs-en-jambe et des coups bas : des paysans assis sur leurs victimes et les saignant comme des porcs, des hussards traînant les femmes par les cheveux, la soldatesque patibulaire tirant les pendus par les pieds, des rixes entre dragons assommeurs et mégères embrocheuses, des filles forcées sous les voûtes sombres, des blessés jetés des fenêtres comme des sacs, des lapidations ignobles, des lacérations perverses, une folie de cadavres sciés, profanés, abîmés dans l'eau, mous ou rigides, un désordre de pantins déchirés, un dépeçage d'équarrisseurs.

Goya s'était redressé :

« Malheur à la guerre étrangère, si elle devient guerre civile », dit-il.

Malgré le choc que lui avait causé la vue de ces abominations et cette

“Amarga Presencia. – Présence amère.”

“Yo lo vi ! – Je l'ai vu !”

“Ya no hay tiempo ! – Trop tard ! ”

“Qué hay que hacer mas ? – Que faire de plus ? ”

“Fuerte cosa es! – C'est tout de même fort!”

révélation pour lui stupéfiante d'un Goya halluciné, don Luis retournait souvent chez le peintre. Les eaux-fortes le faisaient tellement souffrir qu'il redemandait à les voir rien que pour avoir mal et le vieil homme à l'abat-jour vert tournait pour lui les pages de ses *Malheurs de la Guerre*.

Le portrait était presque terminé; don Luis dans une belle redingote olive, ouverte sur un jabot de dentelle, prêtée par Pio de Molina. Parfois, entre les poses, le Sévillan fouillait dans les cartons de Goya; sans se l'avouer, il cherchait la gravure du tableau qu'il avait entre tous aimé à Madrid, parce qu'il ressemblait à Maria Soledad par le coloris et la coiffure. Ce fantôme qu'avait adoré Goya se répétait comme une obsession; plus de dix fois, sur les murs de l'atelier, à la Maison du Sourd; la même femme à la promenade, au balcon, couchée, assise, avec un carlin, avec un livre, en gris, en blanc, en satin plombé, en mousseline écrue, qui vous regardait de ses yeux émaillés de momie; le même modèle avec sa chevelure folle pareille à du crin noir, sa taille qu'on aurait encerclée des deux mains, son air à la fois effarouché et effronté, malade et vivante, implacable et sensible, le petit visage triangulaire de chatte mouillée, Maria Teresa de Silva, duchesse d'Albe.

Mais à Bordeaux don Luis ne trouvait plus trace de l'idole jamais oubliée.

Un jour que le Sévillan examinait les dessins, il tomba sur un croquis représentant un pauvre barbet noir, à oreilles pendantes, qui luttait à contre-courant. Goya interrogea du regard son ami, perdu dans la contemplation du croquis :

« A contre-courant... c'est ma devise... » dit don Luis avec un sourire tordu.

P. Morand, *Le Flagellant de Séville*

Goya entre la légende et la vérité

Véritable détective, l'historien d'art cherche à établir la vérité sur l'œuvre qu'il étudie, sous tous ses aspects. C'est ainsi que l'analyse stylistique de la peinture s'accompagne d'une enquête dans les archives, d'une recherche des sources iconographiques. Exemple de ce travail : celui que Jeannine Baticle a mené autour du Tres de Mayo.

D. Francisco Goya y Lucientes
Pintor de Camara de S.M.
Dibujado por el mismo.

Est-ce la loi des contrastes qui veut que la vie des artistes les plus exceptionnels engendrent les fables les plus conventionnelles ? Faire de Goya un autodidacte, soutenir que son œuvre tient tout de son génie natif, sans rien devoir à l'étude laborieuse d'une discipline, relève des idées reçues qui, depuis un siècle et demi, emportent encore l'adhésion.

Fort heureusement, ces dernières années, les travaux documentaires sur Goya se sont intensifiés. Désormais le recensement, la description, l'historique, la localisation de son œuvre semblent presque achevés avec les grands Corpus parus en 1970. Par ailleurs, de nombreuses publications, dues aux meilleurs spécialistes, sont venues éclairer des points particuliers de la carrière du peintre. (...)

La plupart des amateurs de Goya se divisent actuellement en deux groupes : les premiers s'adonnent à la délectation pure et refusent toute analyse ; les seconds prêtent à l'artiste leur propre psychologie et définissent son œuvre à travers l'impression qu'ils en reçoivent. C'est singulièrement réduire la portée de sa production que de lui dénier toute motivation concrète, toute affinité spirituelle avec le milieu ambiant et les préoccupations de ses contemporains. Goya se porte constamment comme témoin parce qu'il vit intensément les événements qui le touchent, mais ce qui le touche n'est pas nécessairement, sur le plan historique, l'événement majeur né parfois du consensus des historiens. Souvent même, il part d'un fait mineur pour atteindre l'universalité, se livrant ainsi à une sorte d'alchimie

Autoportrait de "Francisco Goya y Lucientes, pintor de Camara de S.M."

merveilleuse qui est le propre de l'inspiration.

C'est un maître qui, s'étant plié contre ses dispositions naturelles à l'étude des règles académiques, en a retiré ce qui lui a paru utile et nécessaire à l'expression de sa propre inspiration, à savoir : la connaissance de l'anatomie, les principes de la composition, l'étude des valeurs, l'importance de l'éclairage ; et aussi, le bon usage des ingrédients et des matériaux employés par un peintre : préparation des toiles, choix et mélange des couleurs, pose des frottis, des empâtements et des glacis, car on ne saurait le redire trop haut. Goya est l'un des meilleurs praticiens de tous les temps, d'une scrupuleuse exigence sur le plan technique (à cet égard, ses factures de fournitures sont fort instructives). Ses toiles se conservent admirablement et les couleurs qu'il a élues ne varient pas. Tel un interprète virtuose devenu complètement maître de son instrument. Il en tire des effets opposés à l'art classique sans cesser pour cela d'être un peintre savant.

A l'époque de sa maturité il ne cherche plus guère à reprendre les constructions savantes imaginées par les grands maîtres qui l'ont précédé et s'inspire souvent de gravures populaires dues à des artistes médiocres. En général et sauf pour les peintures familières, il n'est pas libre d'en déterminer le sujet. En revanche (il y insiste dès sa jeunesse), la composition semble presque toujours être de son invention. Donc, en cherchant les critères qui le poussent à choisir telle ou telle disposition, on peut reconstituer le cheminement de sa pensée et tenter d'expliquer ce qui à première vue paraissait incompréhensible.

Nous avons déjà démontré, à l'appui de notre thèse, les raisons qui ont conduit Goya à sélectionner, dans le récit de l'émeute du 2 mai 1808, l'épisode des mameluks. (...)

Ce sont des indices de cette nature qui ont encore orienté nos recherches à propos de la composition de la *Fusillade du 3 mai 1808* (Madrid, Prado), cette œuvre est passée au rang des emblèmes ; il existe, en effet, dans l'art espagnol, deux volets d'un diptyque qui place cette école au sommet du tragique universel... la *Fusillade du 3 mai 1808* et *Guernica.* Or, l'une et l'autre sont bien davantage le reflet de la réaction personnelle de Goya et de Picasso en face de l'événement que le récit de l'événement lui-même ; à l'inverse de la plupart des individus qui, mêlés à une action quelconque, en ramènent généralement les dimensions aux préoccupations de leur groupuscule professionnel, familial et même parfois à leur seule personne, les deux maîtres transposent spontanément l'histoire événementielle à l'échelon du destin, sans recourir aux topiques de la mythologie ou de la tradition héroïque. La qualité de l'émotion qu'ils éprouvent en assistant à une scène dramatique ou en écoutant son récit, les conduit à échapper au style narratif et semble développer en eux une sorte de rage sacrée, une volonté acérée de venger les martyrs des crimes de guerre ; ils attribuent alors à la représentation d'un fait particulier une valeur d'exemple dont l'expression plastique brutale, saisissante, prend la forme d'un véritable manifeste pour être immédiatement perçue par tous. Il ne s'agit plus de défendre ou d'attaquer tel héros, tel parti, ou telle idéologie, mais d'être conscient de la responsabilité qui incombe à l'artiste de génie, seul capable de faire entendre « par le moyen du pinceau » le cri de révolte de l'humanité opprimée, à quelque point que ce soit de la surface de la planète.

La lettre du 9 mars 1814 où le secrétaire intérimaire du ministère de Hacienda fait savoir au trésorier que le cardinal Luis de Bourbon, président du conseil de régence, accepte l'offre de Goya qui, en date du 24 février précédent, « a manifesté l'ardent désir de perpétuer "par le moyen du pinceau" les plus notables et héroïques actions de notre glorieuse insurrection contre le tyran de l'Europe », ne précise pas si le choix des scènes des 2 et 3 mai a été fixé par le conseil de régence ou proposé par Goya. A notre avis, la décision prise par le conseil de régence dès sa venue à Madrid dans l'hiver 1813-1814, d'organiser des cérémonies commémoratives, le 2 mai 1814, en l'honneur des martyrs des 2 et 3 mai 1808 a dû peser sur la sélection des sujets. Rappelons sommairement des faits qui pour être fort connus, n'en sont pas moins nécessaires à la compréhension de notre développement. On sait que dans le même temps où Napoléon installait à Madrid un gouvernement *afrancesado,* s'établissait à Séville une junte centrale, noyau politique de la résistance espagnole à l'envahisseur, qui fonctionna de 1808 à 1810 et à laquelle succéda un conseil de régence siégeant à l'île de Leon et ensuite à Cadix. Celui-ci reçut la mission de réunir les Cortes qui, après de nombreuses dissensions, élaborèrent la fameuse constitution de 1812, ultralibérale et même parfois audacieuse, objet de réprobation de la part des éléments réactionnaires du conseil de régence, bientôt obligés de se démettre de leurs fonctions. En avril 1813, don Luis de Bourbon, archevêque de Tolède, fut nommé président du conseil de régence, un conseil fortement hostile à la monarchie absolue mais qui, plein d'illusions sur Ferdinand VII alors prisonnier en France, croyait encore œuvrer en son nom.

Ferdinand VII, rendu à la liberté par l'empereur Napoléon le 7 mars 1814, chambré par les membres les plus conservateurs de l'aristocratie espagnole, se préparait à rétablir non pas la monarchie de Charles III mais celle de Philippe II, l'intelligence politique en moins. Malheureusement pour les constitutionnels, le caractère du cardinal de Bourbon n'était pas à la hauteur de ses intentions. Issu du mariage morganatique du frère de Charles III avec doña Maria Teresa Vallabriga, de bonne noblesse aragonaise cependant, sa position vis-à-vis du prince légitime était de ce fait sûrement difficile.

Neuf jours après les cérémonies du 2 mai 1814 qui avaient vu l'apothéose du conseil de régence et des Cortes, et sans que ceux-ci aient prévu le coup, non seulement Ferdinand VII abolissait la constitution de 1812, mais faisait dissoudre les Cortes et arrêter un certain nombre de députés ainsi que leurs sympathisants les plus notoires avant de procéder, le 13 mai, à son entrée solennelle dans la ville de Madrid. Parmi les proscrits se trouvait un ami de Goya, le célèbre acteur Isidro Maiquez. Wellington dut s'interposer pour éviter une répression sanglante, toutefois la plupart des inculpés furent conduits en forteresse ou déportés en Afrique. On imagine la surprise horrifiée, le désespoir de ces patriotes, lorsqu'ils s'aperçurent que Ferdinand VII les poursuivait avec plus d'acharnement peut-être que les *afrancesados.* Or le roi, despote borné, pensait encore en

Les victimes du Trois Mai, gravure anonyme du XIXe siècle.

termes de fidélité dynastique, à la manière de l'Ancien Régime, alors que les libéraux espagnols étaient déjà gagnés à l'idée de nation, idée commune à plusieurs pays de l'Europe. On conçoit aussi le désarroi d'un Goya, bientôt septuagénaire, forcément ébranlé par la guerre et l'occupation, qui voit brusquement exiler ou emprisonner certains de ses amis et de ses relations, sous des prétextes contradictoires, les uns comme traîtres à la patrie, les autres comme traîtres au roi, et qui s'interroge sur son propre sort. Bien entendu, il va une fois de plus réagir et tenter de retrouver son équilibre public et privé ; cependant ces nouvelles épreuves, dont les conséquences se répercuteront gravement sur la vie politique et sociale de l'Espagne, vont le déterminer à exhaler sa révolte dans des termes d'une violence inouïe.

C'est pourquoi aussi, il semble peu probable, à la lumière des faits évoqués plus haut, que les toiles des 2 et 3 mai aient orné des arcs de triomphe pour l'entrée de Ferdinand VII à Madrid, car le roi, malgré la déclaration du 14 mai 1814, n'éprouvait peut-être pas un très grand intérêt pour une émeute populaire à laquelle, en 1808, il n'avait été aucunement mêlé.

Il n'est pas impossible donc que ce soit pour les cérémonies du 2 mai 1814 que Goya ait réalisé les fameuses scènes de l'insurrection du 2 mai et de la fusillade du 3 mai 1808. Selon Mesonero Romanos dont le récit évocateur mérite d'être relu, cette commémoration fut une véritable journée d'union nationale telle, dit-il, qu'il n'en a jamais revu de sa vie en Espagne. L'exhumation solennelle des restes des victimes de mai 1808 avait donné lieu à une bouleversante manifestation religieuse organisée sur la colline du Prado, et où les gémissements des familles des martyrs se mêlaient aux chants et aux prières du clergé. Par ailleurs le corps d'armée de l'artillerie avait fait construire un magnifique char triomphal orné de peintures et de reliefs représentant la défense du Parque par Daoiz et Velarde. Enfin, avec le concours gratuit et empressé des artistes, artisans et ouvriers madrilènes, le siège des Cortes à l'église du couvent de Maria de Aragon avait été superbement décoré et aménagé. Il serait intéressant de chercher la connexion entre les vestiges de ces fêtes et la genèse des œuvres de Goya.

On a tenté à plusieurs reprises de repérer les sources de la composition de la *Fusillade du 3 mai 1808* (Madrid, Prado). On peut tout d'abord y déceler quelques emprunts de détail aux gravures de Galvez et Brambilla sur les « ruines de Saragosse ». Nigel Glendinning, au contraire de E. Lafuente Ferrari, se montre favorable à l'hypothèse selon laquelle la disposition générale serait inspirée du second plan d'une gravure de Zacarias Gonzalez Velázquez représentant les exécutions du 3 mai au Prado, gravure annoncée le 3 mai 1814 dans la *Gazette de Madrid.*

C'est une estampe de Miguel Gamborino, graveur valencien (1760-1828) qui offre l'analogie la plus frappante avec la disposition générale des personnages de la *Fusillade du 3 mai 1808,* rapport qui ne semble pas avoir été remarqué jusqu'à présent. Intitulée *los Religiosos fusilados en Murviedro,* elle est signée et datée de 1813. Murviedro-Sagunto avait été le siège de violents combats en janvier 1812. (...) Cinq d'entre eux (moines) furent passés par les armes le 18 janvier 1812 à Murviedro, exécution qui souleva une profonde indignation et donna lieu à une complainte, publiée en 1814, qu'illustrait la gravure de Gamborino.

Comment Goya a-t-il eu connaissance de cette estampe ? Ses liens multiples avec la société et les milieux artistiques valenciens autorisent bien des hypothèses. (...)

Or, il semble bien qu'au-delà de l'identité formelle entre les scènes gravée et peinte, Goya ait été sensible au contenu de l'histoire elle-même dont il va sublimer le caractère sacré. Ce n'est peut-être pas gratuitement qu'il a repris l'attitude des deux moines agenouillés à gauche, surtout celui vêtu de blanc qui étend les bras en croix, opposé au bloc impitoyable des soldats à droite, dont le premier rang, genou en terre, le second en pied, se fond en un seul groupe chez Goya en conservant la même arabesque, devant la même colline en oblique. La gravure n'apporte évidemment que l'ossature superficielle du tableau. Revue par Goya, elle prend une dimension gigantesque ; d'abord, en digne fils des *tenebrosi* espagnols et parce que les exécutions ont eu lieu dans la nuit du 2 au 3 mai 1808, l'artiste restitue d'une manière poignante la radieuse atmosphère de Madrid au printemps, ce Madrid coiffé de bleu profond et lumineux où scintillent les étoiles, qui sert si bien de contrepoint polychrome à la jaune lanterne posée sur le sol. De plus, à l'inverse de Gamborino, Goya sait composer et rapproche les protagonistes du drame à la limite du vraisemblable ; tout prend alors une cohésion, une force expressive admirable. Et ce Goya, qu'on nous dépeint parfois sous les traits d'un

Une gravure de Miguel Gamborino, exécutée en 1813, a fourni à Goya le point de départ de sa composition du Tres de Mayo. On y trouve bien l'opposition des deux groupes, les victimes, des ecclésiastiques fusillés à Murviedro, et les bourreaux, le peloton d'exécution.

anticlérical, qui s'est montré si cruel envers le clergé régulier, s'inspire alors du martyr de quelques-uns de ces moines de la guerre d'Indépendance, souvent patriotes jusqu'au fanatisme. Que l'œuvre de Goya soit ici à double, à triple sens, la plupart de ses compositions en font foi ; qu'elle revête un caractère de martyr chrétien, nul ne peut plus en douter si on remarque le moine agenouillé à la tonsure apparente, les stigmates imprimés sur les paumes du supplicié en chemise blanche dont les bras semblent attachés à la croix invisible d'un Christ crucifié, comme un reproche immaculé, ce qui Ô peintres espagnols ! toujours et d'abord peintres, permet un splendide effet coloristique.

Il s'en faut encore de beaucoup qu'on parvienne jamais à trouver toutes les clés de pareils chefs-d'œuvre. Pourquoi les rechercher, diront certains. Ne pas s'interroger sur les sens d'une œuvre d'art de ce type équivaut à s'en désintéresser. Ajoutons seulement que l'emplacement représenté dans la *Fusillade du 3 mai* a donné lieu à des controverses, les exécutions s'étant produites en plusieurs points de la capitale. (...)

Que Goya ait été tenté de regarder ces exécutions du toit d'un édifice de son quartier ne paraît pas impossible, d'autant plus qu'à vol d'oiseau le couvent de San Bernardino n'était éloigné que de mille mètres environ de la calle Valverde où habitait Goya. Mais avait-il besoin de les voir pour en exprimer l'horreur ?

Jeannine Baticle,
revue Coloquio, mars 1981

Goya au privé

Écrites entre 1771 et la fin du siècle, les lettres du peintre à son ami intime, Martin Zapater, riche négociant célibataire, dévoilent Goya aussi bien dans sa vie quotidienne que dans ses rapports avec la Cour et les grands.
Nous présentons une sélection de cette correspondance inédite en français. Le ton direct et drôle des lettres et la spontanéité des croquis qui les accompagnent révèlent l'immense vitalité d'un autre Goya...

Madrid, 6 octobre 1781

Mon cher petit Martin. Je n'ai pas l'esprit à la poésie en ce moment mais je peux t'assurer que tu me fais très plaisir avec tes poèmes; continue et même si je ne paie pas tes lettres de retour tu ne peux imaginer la joie que j'éprouve à recevoir ces lettres de toi. Hier j'ai acheté des cadeaux d'anniversaire pour la fille de Manuel et dès le premier courrier je les lui enverrai, à elle ou à toi qui es un homme de confiance. Il s'agit d'une poussette, d'une poupée coiffée de son petit chignon à la mode et d'autres babioles que je ne me rappelle plus très bien (je sais simplement qu'il s'agit d'objets pour la cuisine et pour la maison) et enfin tout ce qu'ils ont bien voulu me donner. Ami, ton dernier vers m'a tué : tu ne peux imaginer, dès que tu évoques la chasse, combien je t'envie. Dieu ne permet pas que je m'échappe d'ici. Pour moi il n'y a pas au monde de plus grande distraction. Je n'ai pu m'absenter qu'une seule fois et pourtant personne n'a fait mieux : en 19 coups, 18 pièces : à savoir 2 lièvres, un lapin, 4 perdreaux, 1 vieille perdrix et 10 cailles. Le coup manqué fut pour une perdrix. Cette chance m'a particulièrement réjoui, étant parti avec deux des meilleurs fusils de l'endroit. Je me suis fait un certain renom parmi les chasseurs (qui, je dois le dire, tirent particulièrement bien puisqu'à nous trois nous avons abattu pas mal de gibier), mais pour cela il a fallu se rendre à la Sierra qui est à 7 lieues de Madrid.

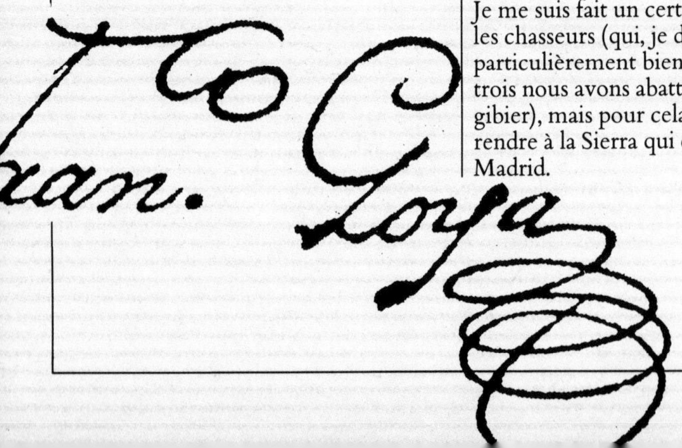

te se dar razon indibidual
lo q. te adbierto el q. suelen
engañar a los arrieros con las
puertas. como me sucedio a mi
con q. lo dispondras como gueras
o me informaré yo p.r menor

todo lo ne ocurre
No ay mas no te
dado q. participar
a Dios y en memoria
todo lo nuestro
y a Palla

Madrid, 30 novembre 1782

Tu dois te dire : quel crétin, rien qu'à sa façon de le dilapider, on voit bien que ce n'est pas son argent. Je te répondrai que j'ai raison, car alors, pourquoi me demander de m'occuper de tes achats si tu ne veux pas recevoir ce qu'il y a de mieux et de meilleur goût à Madrid. Il n'y a donc rien à redire sur les deux vêtements de Dª Joaquina ; quant à ton pardessus je ne pense pas que vous en aurez vu beaucoup d'aussi beaux là-bas, parce que rien qu'ici il m'a fallu faire des pieds et des mains pour te dénicher ce tissu que je n'avais jamais vu qu'une seule fois auparavant ; on l'a donc très peu utilisé pour faire des pardessus. Piran s'en est fait un identique, mais d'une couleur affreuse, tellement le tissu est rare.

Non datée
(décembre 1782 ?)

Envoie-moi mille réaux, en cas, et laisse-toi être en compte car bien que tu ne te soies pas décidé à m'envoyer ni tourrrrrones ni tourrrroooons, ni gâteaux de Tordellllas, aucune importance, pas plus que le chchchchien, aucune, aucune, aucune, aucune, aucune voilà que je ne me rappelle plus ce que j'étais en train de dire, ils sont tous à me parler en même temps, donc c'est tout pour le moment.

Non datée

Mon cher, j'ai reçu ton honorée, mais ça m'a mis hors de moi d'apprendre de quelle façon ce vaurien, chargé de te porter le corset, s'est bien acquitté de sa tâche ; il l'aura sans doute gardé chez lui, ou bien sa femme l'aura porté jusqu'à s'en être lassée. Je dois aussi ajouter que soit toi, soit moi sommes ivres, ou peut-être même les deux, car je n'ai pas pu te dire que le corset avait coûté quatorze pesos, comme tu me l'écris, puisque la boîte n'a pas coûté plus que onze pesos et demi. C'est la ceinture qui a coûté quatorze, mais c'étaient des réaux de billon, de là vient sans doute l'erreur.

16 décembre 1786

... Être près de toi et retrouver cette plénitude que nous avons connue ensemble ! Plus d'applaudissements, plus de marques de satisfaction du Roi et des princes ! Être plein d'attentions l'un pour l'autre ! Enfin je ne peux pas m'étendre, je te demande simplement de me conserver ton amitié. Je te remercie également pour les douze bâtons de touron qui étaient de trop après les six pour goûter. Par le même courrier, je t'enverrai douze douzaines de chorizos, quant au reçu que tu me demandes, tu me diras de quelle façon je dois le rédiger, je n'en ai aucune idée, écris-le sincèrement à ton ami sincère à l'extrême.

Madrid, 15 août 1787

Dieu veuille qu'on arrête ta fièvre tierce avec une livre de quinine que je t'ai achetée : elle est de la meilleure qualité possible, de premier choix, et aussi bonne que celle de la pharmacie du Roi.

23 mai 1789

J'ai un fils de quatre ans, qui est si beau qu'on le regarde dans la rue à Madrid. Il a été si malade que je n'ai pas vécu pendant tout le temps de sa maladie. Grâce à Dieu il va déjà mieux. Toi qui es si doué et qui as tant de talent en affaires, dis-moi donc comment placer cent mille réaux : à la banque, en bons royaux ou dans les corporations, là où ça me rapportera le plus...

Non datée (1792?)

Après t'avoir écrit on m'a apporté ces quatre chansons et ces quatre séguedilles en forme de boléro. Il faudrait que tu les fasses recopier comme promis en faisant attention à ne pas en faire de double parce qu'alors tout le monde pourrait les avoir. Celles que j'ai fait recopier sur un petit papier ne sont pas très longues. Je t'ai acheté deux couteaux anglais avec un étui servant aussi à les affûter. A mon avis c'est ce qu'on peut faire de mieux. Je les essayerai avant de te les envoyer. Ils m'ont coûté beaucoup d'argent, mais il paraît qu'ils valent encore plus cher à Londres. Ils ont coûté cent réaux. Je ne sais pas si je me suis fait avoir, mais je ne le crois pas.

23 avril 1794

Je suis toujours le même; en ce qui concerne ma santé, parfois je me sens enragé, d'une humeur que je ne supporte pas moi-même, parfois je me sens plus calme, comme en ce moment où je t'écris. Mais déjà je me sens fatigué; tout ce que je peux te dire c'est que lundi, si Dieu le veut, j'irai aux taureaux, et que j'aurais aimé que tu m'accompagnes, à cause de l'autre lundi, bien qu'il coure un bruit idiot disant que tu étais devenu fou.

2 août 1795

C'est donc vrai, bonté divine, que mes plaisanteries te dérangent; malgré leur grossièreté, elles peuvent se mesurer aux tiennes: tu verras, si tu les laisses mordre, comme elles l'emporteront, parce que j'ai la vanité de penser qu'elles seules décrivent parfaitement le monde.
Il aurait mieux valu que tu viennes m'aider à peindre la d'Albe. Hier elle est venue à l'atelier pour que je lui peigne le visage et elle est repartie comme ça; c'est vrai que cela me plaît plus que de peindre sur toile. Il faut également que je lui fasse son portrait en pied et elle reviendra dès que j'aurai terminé une esquisse que je suis en train de peindre représentant le duc d'Alcudia à cheval. Celui-ci m'a fait dire qu'il m'aviserait et mettrait un logement à ma disposition au palais, si bien que cela me prendra plus de temps que prévu. Je peux t'assurer qu'il n'y a pas de sujet plus difficile pour un peintre.

Traduit de l'espagnol par Pierre Ennès

Goya dans les musées de France

Bien que Goya soit mort en France, le premier tableau de l'artiste entré dans un musée français, le Louvre, est le portrait de Guillemardet, en 1865 seulement. L'un de ses grands chefs-d'œuvre, la Junte des Philippines sera donné en 1894 au musée de Castres. Aujourd'hui, soit au Louvre, soit en parcourant la province, on peut voir 21 tableaux de Goya.

Portrait de Francisco del Mazo, musée Goya, Castres.

Nature morte à la tête de mouton, musée du Louvre.

Portrait d'homme, dit Évariste Perez de Castro, musée du Louvre.

Portrait de Lorenza Correa, dite la femme à l'éventail, musée du Louvre.

MUSÉOGRAPHIE

Musée du Louvre, Paris. *Portrait de Fernand Guillemardet; La Femme à l'éventail; Portrait d'homme* (appelé autrefois «Portrait de don Evaristo Perez de Castro»); *Nature morte à la tête de mouton; Portrait de Rita Barrenechea, comtesse del Carpio, marquise de la Solana; Le mariage inégal; Portrait de Marianna Waldstein, marquise de Santa Cruz. Christ au mont des Oliviers.*

Musée d'Agen
Place du Docteur-Esquirol
47000 Agen
Tél.: 16.53.66.35.27
Autoportrait; (1783) La Montgolfière; Portrait équestre de Ferdinand VII; Caprice avec animaux volants; La messe de relevailles, attribués à Goya.

Musée des Beaux-Arts de Besançon
1, place de la Révolution
25000 Besançon
Tél.: 16.81.81.44.47
Scène de cannibalisme.

Musée Bonnat de Bayonne.

5, rue Jacques-Laffite
64100 Bayonne
Tél.: 16.59.59.08.52.
Portrait du dixième duc d'Osuna; (1817) La Dernière Communion de Saint Joseph de Calasanz (1819)

Musée Goya de Castres.

81100 Castres.
La Junte des Philippines; Autoportrait; (1800) Portrait de Francisco del Mazo.

Musée des Beaux-Arts de Lille.

Place de la République
59000 Lille
Tél.: 16.20.57.01.84
Les Jeunes, ou la lettre; Les Vieilles.

Musée des Beaux-Arts de Strasbourg.

Palais de Rohan
2, place du Château
67100 Strasbourg
Tél.: 16.88.32.48.95
Don Bernardo de Yriarte.

BIBLIOGRAPHIE

Charles Yriarte, *Goya:* sa biographie, les fresques, les toiles, les tapisseries, les eaux-fortes et le catalogue de l'œuvre, avec 50 planches inédites d'après les copies de Tabar, Bocourt et Ch. Yriarte 1867.

Conde de la Viñaza, *Goya, su tiempo, su vida, sus obras,* Madrid 1887.

A.-L. Mayer, *Francisco Goya,* Leipzig, traduction espagnole, Barcelona 1925.

Valentín de Sambricio, *Tapices de Goya,* Madrid. Publié en 1948.

E. Lafuente Ferrari, *Antecedentes, coincidencias e influencias del arte de Goya.* Catálogo ilustrado de la exposición celebrada en 1932 ahora publicado con un estudio preliminar sobre la situación y la estela del arte de Goya, Madrid 1947.

André Malraux, *Saturne, Essai sur Goya* (la Galerie de la Pléiade, I), Paris 1950.

Édith Helman, *Trasmundo de Goya,* Madrid, seconde édition 1983.

Pierre Gassier, Juliet Wilson, *Goya, sa vie, son œuvre,* Fribourg 1970.

Pierre Gassier, *les Dessins de Goya: les albums,* 1973.

Pierre Gassier, *les Dessins de Goya, II,* 1975.

COUVERTURE

Premier plat *Le Trois Mai,* peinture par Goya, Musée du Prado, Madrid.
Dos *Le chasseur et ses chiens,* Musée du Prado, Madrid.
Page 4 *L'Industrie,* Musée du Prado, Madrid.

OUVERTURE

00 *Le Deux Mai,* peinture par Goya, détails.
00 *Le Deux Mai,* peinture par Goya. Musée du Prado, Madrid.
6/7 *Le Trois Mai,* peinture par Goya, détails.
8/9 *Le Trois Mai,* peinture par Goya. Musée du Prado, Madrid.

CHAPITRE I

12 *Vue de la ville de Saragosse,* peinture par Martinez del Mazo, 1647.
13 Vue du village de Fuendetodos
14 Notre-Dame-du-Pilar (XVIIe-XVIIIe) à Saragosse.
15 *Étude du modèle dans l'Académie,* dessin de M.A. Houasse. Cabinet des dessins, musée du Louvre, Paris.
16 *La Novillada,* portrait de Goya (détail), 1779 (?). Musée du Prado, Madrid.
17 *La Novillada,* carton pour la manufacture royale de tapisserie, 1779 (?). Musée du Prado, Madrid.
18 Statue du Danube, fontaine de la place Navone à Rome, gravure d'après un dessin du Bernin. Bibl. nat., Paris.
19 *L'Apothéose de l'Espagne,* fresque de G.B. Tiepolo, 1764-1766. Palais royal, Madrid.
20 *La visitation,* deux anges (détail), peinture pour la Chartreuse de l'Aula Dei à Saragosse, 1774.
21 *L'Adoration du nom de Dieu par les anges,* fresques de la basilique du Pilar, Saragosse, 1772.
22g Fusil de chasse dessiné par Goya dans une lettre adressée à Zapater. Musée du Prado, Madrid.
22d *Le Chasseur et ses chiens,* 1775. Musée du Prado, Madrid.

Tauromachie.
151h *El animoso moro Gazul es el primero que lanceo toro en regla,* gravure de *la Tauromachie.*
152 *Pedro Romero matando a toro parado,* gravure de *la Tauromachie.*
153 *Un caballero español mata un toro despues de haber perdido el caballo,* gravure de *la Tauromachie.*
154 *Esto es peor,* gravure des *Désastres de la guerre.*
155h *Amarga Presencia,* gravure des *Désastres de la guerre.*
155b *Yo lo vi,* gravure des *Désastres de la guerre.*
156b *Qué hay que hacer mas ?,* gravure des *Désastres de la guerre.*
156h *Ya no hay tiempo,* gravure des *Désastres de la guerre.*
157 *Fuerte cosa es,* gravure des *Désastres de la guerre.*
158 *Autoportrait,* lavis d'encre de Chine. Metropolitan Museum of Art, New York.
161 *Victimes des 2 et 3 Mai 1808,* gravure anonyme, XIXe. Bibl. municipale de Madrid.
163 *Los religiosos fusilados en Murviedro,* gravure de Miguel Gamborino, 1813.
164 Signature de Goya.
165 Fac-similé d'une lettre de Goya adressée à Zapater, décembre 1797.
167 Dessin extrait d'une lettre de Goya à Zapater.
168 *Portrait de Francisco del Mazo* (Goya), musée de Castres.
169g *Portrait de Don Evariste Perez de Castro* (Goya), musée du Louvre, Paris.
169d *La Femme à l'éventail* (Goya), musée du Louvre, Paris.
169h *Nature morte à la tête de mouton* (Goya), musée du Louvre, Paris.

Abréviations : h : haut ; b : bas ; m : milieu ; g : gauche ; d : droite.

Certains tableaux ont des dates incertaines, elles sont suivies d'un (?).

INDEX

A

B

C

D

E

F

CRÉDITS PHOTOGRAPHIQUES

Agence Scala, Florence 41, 42-43, 105h, 105b. Artephot, Paris 46-47, 47h, 56, 64, 70, 73d, 77h, 84, 85, 86, 87, 98, 110, 115, 161. Artephot/Oronoz, Paris 39, 57, 60hg, 68, 69, 73g, 77b, 79, 82, 87, 89b, 91, 100, 101, 102, 103, 108, 109, 111. Bulloz, Paris 26. Bibl. nat, Paris 18. Clichés Gallimard 106-107, 118, 119, 120, 121. Droits réservés 13, 27, 28, 31, 36-37, 37b, 38, 44h, 44-45b, 72, 80, 83, 84, 85h, 94, 95b, 97, 104, 127, 128, 130, 131, 133, 135, 140, 141, 142-143, 144h, 144b, 145h, 145b, 146bg, 146bd, 146hg, 146hd, 147hg, 147bg, 147hd, 147bd, 148, 149, 150, 151h, 151b, 152, 153, 154, 155h, 155b, 156h, 156b, 157, 164, 165, 167. Edimédia, Paris 66h. Giraudon, Paris 63, 112, 113. Image 3/Artephot, Paris 95h. Institute of Art, Minneapolis 126. Magnum, Paris 114b. Musée du Prado, Madrid 1, 4, 5, 6, 7, 8, 9, 16, 17, 22g, 22d, 25, 29, 30, 48, 49, 50, 51, 52, 53, 54, 55, 58, 59, 60b, 62, 65, 66b, 67, 71, 74, 75, 88, 89, 90, 93, 96, 99, 114h, 116-117h, 116-117b, 123, 124, 136-137, 163. Musée du Prado, Madrid (cliché Gallimard) 24, 89h, 125. Mas, Barcelone 19, 20, 21, 23, 32-33, 40, 112. National Gallery, Londres 92. Metropolitan Museum of Art, New York 69d, 158. Oronoz, Madrid 12, 76, 122. RMN, Paris 15, 61, 81g, 81d. Roger-Viollet, Paris 14, 78, 78, 132, 134, 168, 169g, 169d, 169h.

Table des matières